CÓMO

EMOCIONALMENTE SANOS

WITHDRAWN

CRIAR

...OS

EMOCIONALMENTE SANOS
Satisfaciendo sus cinco necesidades vitales
¡y también las de los padres!

GERALD NEWMARK, Ph.D.

NMI Publishers
Tarzana, California

Nota:

En la presente obra, evitamos utilizar las expresiones "niño"/"niña", "padre"/"madre", "él"/"ella"; por lo general, se emplean las más tradicionales locuciones masculinas a causa de que representan una menor dificultad de estilo. El lector debe entender que, en la mayoría de los casos, puede utilizarse "ellas" en lugar de "ellos" cuando se usan expresiones genéricas como "niños", lo mismo puede decirse en aquellos casos en que se utilice "ella" en lugar de "él" dentro del mismo contexto.

Tercera Edición
Cuarta Impresión

Publicada por
NMI Publishers
18653 Ventura Boulevard, Suite 547
Tarzana, CA 91356 (818) 708-1244
nmipub@earthlink.net
www.emotionallyhealthychildren.org

Diseño de la portada: Steve Gussman
Fotografía de la portada: Alex Jauregui
Diseño del libro: Tina Hill
Traducción de la 3ª edición al español: Psic. Susana Olivares Bari

Número de control de la Biblioteca del Congreso de EUA: 2007905875

ISBN: 978-0-932767-14-1

Impreso en los Estados Unidos de América

A mi maravillosa esposa, Deborah,
quien se despierta sonriendo,
se va a dormir sonriendo
y llena mi vida de orgullo y alegría.

Contenido

Prólogo

Con la enorme multitud de libros acerca de padres y crianza infantil ya disponibles, es tanto sorprendente como refrescante darle la bienvenida a un texto que se distingue por un enfoque directo y comprensible, tan pertinente para los adultos como para los niños a los que hace referencia. El Dr. Newmark desafía el enfoque tradicional, paternal y gobernado por las emociones de la crianza infantil y, en lugar de ello, sugiere que los padres utilicen una estrategia deliberada y sistematizada que reconoce y responde a las cinco necesidades vitales de los niños. Tales necesidades emocionales—de sentirse **respetado, importante, aceptado, incluido y seguro**—no son ni rebuscadas ni difíciles de entender. Su importancia es evidente. A todas luces contribuyen a la autoestima y a la propia valía; sin embargo, como de manera tan clara lo explica el autor, las respuestas erráticas de los padres a menudo ignoran tales necesidades, lo que deja un residuo de ansiedad, dudas sobre sí mismo e incertidumbre en la mente del niño.

Más aún, tales necesidades son igual de cruciales para los adultos mismos, por desgracia, en las interacciones con los demás demasiado a menudo las dejamos de lado, en detrimento de nuestras relaciones personales y la propia salud mental. ¿Es posible que aprendamos mejor de nuestros hijos? Es más que adecuado que el Dr. Newmark sugiera en repetidas ocasiones que los menores tienen algo que enseñarnos si tan solo los observamos y escuchamos. A menudo tienen ideas que fracasamos en percibir como pertinentes o útiles y expresan verdades que nos eluden.

He aquí un texto que los padres—en especial los padres nuevos— deberían tener en su cabecera. Es un libro que el personal de las agencias infantiles y los proveedores profesionales de cuidados deberían leer y recomendar a sus clientes y pacientes. Su mensaje sencillo es uno que deberían incluir en su labor quienes trabajan con jóvenes y que convendría que los maestros aplicaran en sus salones de clases. Creo que los padres (y otros adultos) que con éxito se esfuercen por satisfacer estas necesidades vitales en sus hijos, sin duda criarán niños emocionalmente más sanos y como beneficio secundario, aunque no menos importante, mejorarán su propia salud mental de manera significativa.

Roy W. Menninger, M.D.
Fundación Menninger

Prefacio

Un llamado de alerta para la nación: El plan inexistente

ras la publicación de la primera edición de *Cómo criar niños emocionalmente sanos* en inglés, tuve la oportunidad de hablar frente a casi 100 personas acerca del tema "La desatención a la salud emocional de nuestros niños: un problema nacional". Recibí una gran ovación al terminar. Después, mientras me encontraba autografiando libros, mi hijo adulto, David, estaba al otro extremo de la mesa vendiéndolos. Todavía no había leído el libro y ésta era la primera vez que me escuchaba hablar en público.

Una mujer que estaba comprando un ejemplar empezó a platicar con David. Dada la cálida recepción que había recibido del público, sentí curiosidad acerca de lo que podría estar diciéndole a la dama, de modo que presté atención y la oí preguntar, "¿Qué relación tienes con el Dr. Newmark?". Mi hijo respondió, "Pues, es mi padre". Entonces ella le preguntó, "¿Qué se siente tener un papá que escribió un libro llamado *'Cómo criar niños emocionalmente sanos'*?" Al instante, David respondió, "¡Me hubiera gustado que supiera todas esas cosas cuando yo estaba creciendo!".

Ella se rió. Yo me levanté, me acerqué a David y exclamé, "David, a mí me hubiera gustado saber 'todas esas cosas' cuando estabas creciendo"; de hecho, me hubiera gustado que mis padres supieran "todas esas cosas" y que también las hubieran sabido sus propios padres. Sencillamente desconocíamos que hubiera algo que saber;

la verdad es que, junto con la mayoría de los padres, todos fuimos víctimas de nuestra propia ignorancia.

La historia de cómo y por qué decidí escribir este libro es la misma que explica la razón por la cual me convertí en defensor de los niños: nací en una familia pobre del Bronx en Nueva York, ingresé a la universidad bajo prueba, la abandoné después de dos años y me reclutaron en el ejército. Durante demasiados años, mi vida estuvo de modo intermitente llena de temor, depresión y desesperación. Por fortuna, a lo largo del camino, me topé con la gente correcta, en el momento oportuno. Me ayudaron a adquirir la suficiente seguridad y conocimiento para alcanzar el éxito emocional, educativo y profesional. Ayudar a los demás, en especial a la gente joven, se convirtió en una fuerza impulsora a lo largo de mi vida como maestro, consultor e investigador.

Al término de mi desarrollo profesional formal, aumentó mi interés por las relaciones entre padres e hijos y por los problemas escolares. Al analizar las causas de estos problemas en mayor detalle, me pareció irónico y perturbador que la mayoría de las dificultades que enfrentan las sociedades contemporáneas eran y siguen siendo de carácter personal, no técnico; sin embargo, prestábamos poca atención (si es que alguna) a las relaciones humanas y a la salud emocional, lo cual no ha cambiado en la actualidad. Sabemos cómo enviar a la gente al espacio y producir avances increíbles en ciencia, electrónica y medicina, pero cuando se trata de vivir de manera pacífica y de tratarnos los unos a los otros en formas emocionalmente sanas, parece que no sabemos qué hacer.

Esta discrepancia es de particular importancia en el caso de los niños, pues sus necesidades emocionales son desatendidas tanto en casa como en la escuela. Es sólo durante las crisis que reciben atención las necesidades emocionales de los niños. Después de algún incidente de violencia escolar o de una tragedia como la del 11 de septiembre, un sinnúmero de profesionales en relaciones humanas acuden a las escuelas para explorar los sentimientos y emociones de los niños, y para darles orientación y consuelo. Unas cuantas semanas después, todo regresa a la normalidad y rara vez se atiende de nuevo a sus necesidades emocionales. A esto lo llamo el "plan inexistente".

El plan inexistente afecta de manera adversa a millones de niños, a los así llamados niños "en riesgo", que cursan sus años escolares ansiosos, confusos, enojados, aislados, taciturnos, tristes, deprimidos. Una cantidad significativa de estos menores fracasa en la escuela, la abandona y encaminan sus pasos hacia el sexo, la delincuencia, las drogas, las pandillas y la violencia como formas de canalizar su infelicidad y rabia.

Un grupo mucho más grande es el de los millones de chicos exitosos desde el punto de vista académico y en apariencia libres de problemas que abrigan temores, inquietudes y dificultades similares, pero que rara vez se expresan y que a menudo pasan desapercibidos para sus padres o maestros. Estos niños arrastran sus inseguridades, problemas y cicatrices emocionales hasta su adultez, lo cual ocasiona que lleguen a convertirse en los adultos inseguros, infelices, insensatos y perturbados que dan forma a las alarmantes estadísticas de divorcio, drogadicción, suicidio, delito, depresión y otros problemas emocionales. A menudo, estas ineficiencias pasan de padres a hijos, de una generación a la siguiente, y abarcan todos los niveles socioeconómicos.

Escribí *Cómo criar niños emocionalmente sanos* para elevar la conciencia pública en cuanto a este problema y proporcionar una guía práctica que permita que padres y maestros creen ambientes emocionalmente sanos para los niños y para sí mismos. En esta obra identifico cinco necesidades vitales que cada niño tiene a lo largo de su existencia: **la necesidad de sentirse respetado, importante, aceptado, incluido y seguro.** Satisfacerlas ofrece las bases para desarrollar individuos confiados, independientes, pensantes, compasivos y comprometidos desde el punto de vista social, con mayores posibilidades de éxito en su educación, profesión, matrimonio y vida en general.

Después de la publicación del libro, hablé con cientos de personas y pronto me percaté de que había una gran necesidad de esta información. La gente sentía que hablábamos de ella. Se identificaban con el contenido y sentían que no les era ajeno, aun sin haberse dado cuenta de que ya lo conocían. Inspirado por el entusiasmo de personas con antecedentes muy distintos, la misión ahora fue hacer que este texto llegara a las manos del mayor número posible de adultos que influyen sobre las vidas de los niños. Para lograrlo, se tomó la decisión de ofrecerlo a un precio tan bajo que nadie tuviera que abstenerse de adquirir un ejemplar debido a su costo.

Junto con mi esposa, Deborah, iniciamos **El proyecto de los niños (The Children's Project)**—un esfuerzo sin fines de lucro para difundir nuestro mensaje a padres, educadores, proveedores de cuidados infantiles y creadores de políticas y, al mismo tiempo, con el fin de enfocarnos en el desarrollo de programas especiales para escuelas y ciudades—.

El éxito de la presente obra ha sido sorprendente y gratificante. La venta de más de 250,000 ejemplares se ha logrado sin publicidad alguna, tan solo por vía de la recomendación. Cerca de 50% de estos libros han sido vendidos a escuelas (preescolar, educación primaria, media, media superior y superior) para su distribución a padres, maestros y a algunos estudiantes de educación media superior y superior.

La otra mitad ha sido distribuida mediante proveedores de cuidados infantiles e instituciones de defensa infantil, incluyendo a los departamentos perinatales y prenatales de hospitales, a organizaciones de prevención de abuso infantil y a programas comunitarios de educación a padres. Una institución de perinatología adquirió 60,000 ejemplares y los está distribuyendo a 19 hospitales donde se entregan a los padres de bebés recién nacidos y son utilizados en cursos para padres.

El éxito de las ediciones en inglés y español dentro de EUA, en diversos grupos étnicos, socioeconómicos, religiosos y de edad, junto con el interés mundial demostrado por las traducciones realizadas para México, Hungría, Israel y, pronto, Rusia nos ha estimulado a proponernos metas ambiciosas. Con esta tercera edición en español presentamos una visión expandida de cómo los padres pueden satisfacer las necesidades emocionales de los niños en casa, al mismo tiempo que los maestros logran satisfacerlas en cada salón de clases durante los años escolares del niño. Así, cabe imaginar la

creación de escuelas **que promuevan la salud emocional** y que
obtengan un impacto significativo sobre el desarrollo académico,
social y cívico de los menores.

En función de la popularidad de esta obra y el bajo precio al que
está disponible, sentimos que es ilimitado el número de personas,
escuelas y organizaciones de cuidados infantiles a las que nos es
posible llegar. En un mundo traumatizado por discordias y guerras,
nos sentimos bendecidos de tener un mensaje y un recurso capaz de
unir a las personas y enriquecer sus vidas. Al crear un ambiente
positivo en el cual la gente interactúe con los demás en formas que
propicien que todos lleguen a sentirse **respetados, importantes,
aceptados, incluidos y seguros,** nos convertiremos en una fuerza
poderosa que impulse el desarrollo de menores, familias y escuelas
emocionalmente sanas y de alto rendimiento (tanto las nuestras
como las de los demás). Y, quién sabe, si un número suficiente de
personas nos involucramos en este esfuerzo, tal vez logremos
cambiar al mundo.

Gerald Newmark, Ph.D.

Introducción

(Los retos de ser padres: placeres, paradojas, peligros)

omo padre, qué dicha era despertarme por la mañana sintiéndome seguro de que todas mis interacciones con mi hijo serían positivas y gratificantes; que yo sabía lo que se necesitaba para criar un niño emocionalmente sano y cómo proporcionarlo; que sin importar lo que sucediera durante el día, mi conducta sería positiva y consistente y que rara vez me sentiría agobiado, frustrado, descontrolado o sin saber qué hacer.

No sólo eso, qué placer iba a ser ir a dormir sabiendo que la mayoría del tiempo había hecho las cosas correctas durante el día y que sentía poca o ninguna ansiedad o culpa acerca de cualquier cosa. También era tranquilizante saber que si mi conducta no fuera del todo adecuada, podría reconocerlo de inmediato y hacer lo necesario para corregirla.

Asimismo, qué fortuna que mi esposa y yo estábamos de acuerdo en cuanto a nuestra filosofía y prácticas de crianza infantil, de modo que consideraríamos nuestro desempeño de manera regular, no sólo al surgir algún problema. Era una grata sensación el saber que no éramos padres pasivos, esperando a reaccionar hasta que las cosas salieran mal o se presentaran las situaciones problemáticas, sino que buscábamos crear una vida familiar cohesiva, feliz y dinámica en forma proactiva. También nos dábamos cuenta de cuán maravilloso era que nuestros hijos tuvieran padres relajados y seguros de sí mismos que transmitían la impresión de saber lo que estaban haciendo.

1

Si esto le parece un sueño, tiene toda la razón. Las cosas no pasaron así con nosotros ni fueron así para nuestros padres. Para la mayoría de nosotros, junto con la alegría y emoción de criar a nuestros hijos, hay mucha ansiedad, inseguridad e inconsistencia. Al igual que muchas otras personas, nuestro método de la crianza infantil estuvo sujeto al azar, no siempre enfocado y orientado a las crisis. Nos era ajena cualquier idea de cómo podía ser la crianza infantil en su mejor expresión o de un método pensado y sistemático. A medida que crecieron mis conocimientos, experiencia y capacidades en las relaciones entre padres e hijos, surgió la idea para este libro, la idea de preparar una guía que ayudara a los padres a convertir el sueño descrito antes en una realidad. Las siguientes reflexiones se presentan como una introducción a los temas que trata la presente obra.

Criar hijos es una de las máximas dichas que uno puede experimentar en la vida, pero también es una de las responsabilidades más difíciles y generadoras de ansiedad que alguien pudiera llegar a tener. Se encuentra entre las tareas más importantes, desafiantes y complejas que un ser humano experimenta a lo largo de su vida y, sin embargo, a menudo la enfrentamos del todo desarmados, con poca o ninguna preparación. También es evidente que cuando uno llega a ser padre o madre, lo es para siempre y a menudo no es algo que se facilite con el paso del tiempo. Recuerdo que mi madre decía, "Cuando los niños eran pequeños, teníamos problemas pequeños. Cuando eran grandes, teníamos problemas grandes". Los padres nunca dejan de preocuparse por sus hijos, sin importar la edad que tengan, y rara vez dejan de tratarlos como niños, aun después de que se convierten en adultos.

Hoy en día nuestros hijos crecen en una época de ansiedad, cambio e incertidumbre; una época que quizá es más difícil para los niños que ninguna antes en la historia. Como ejemplo de esta incertidumbre, los estudiantes de educación media superior de la actualidad se enfrentan a la probabilidad de que habrán de cambiar trabajos o profesiones al menos tres o cuatro veces durante su vida y a la de que muchas de estas labores aún ni siquiera existen. Nos atemorizamos ante el número y gravedad de los problemas que enfrentan los adolescentes, como suicidios e intentos de suicidio, abuso de alcohol o drogas, tabaquismo, promiscuidad sexual, abandono escolar, delito y violencia. Y muchas de estas dificultades ahora empiezan a presentarse durante la pubertad.

A menudo, nuestros temores y preocupaciones interfieren con nuestra habilidad para proporcionar a los niños lo que necesitan. Con frecuencia, nos esforzamos demasiado por protegerlos y moldearlos. Hablamos, predicamos, regañamos, castigamos, criticamos y aconsejamos. Al primer minuto los amenazamos y al segundo los inundamos de amor.

Con demasiada frecuencia los padres son reactivos en lugar de proactivos, corrigiendo algo que el niño ha hecho en lugar de esforzarse de manera deliberada por crear un ambiente positivo en el que los elogios y el aliento sobrepasen a la corrección. Carecemos de una visión acerca de lo que la crianza infantil podría ser en su mejor expresión; tampoco contamos con una estrategia para lograrlo.

El contexto en el que sucede todo esto no es uno en el que prevalezca alguna escasez de información acerca de la crianza infantil, por el contrario, existe un alud de información—tal vez, incluso, una superabundancia—que con frecuencia es contradictoria. A menudo, los padres se ven abrumados por el exceso que deben asimilar sin contar con una filosofía general ni las herramientas necesarias que les ayuden a aplicar esos conceptos en acciones cotidianas que beneficien a sus hijos.

Ser padre no es algo que se aprende una vez y que se domina para siempre. Carecemos de habilidades naturales y de la preparación emocional para criar hijos, y la realidad es que tampoco mejoramos de manera automática con el paso del tiempo. Si a esto añadimos los cambios constantes que ocurren dentro de la sociedad en que vivimos, queda claro que los padres se enfrentan al reto de ser estudiantes activos durante su vida entera.

Mi premisa básica es que todos los niños tienen cinco necesidades vitales que son esenciales para su salud emocional: necesitan sentirse **respetados, importantes, aceptados, incluidos** y **seguros**. Cuando los padres comprenden estas cinco necesidades vitales, reconocen su importancia y adquieren los conocimientos indispensables para satisfacerlas, lograrán desarrollar una estrategia general eficaz y un enfoque consistente en la crianza infantil. Al hacerlo, aumentan las probabilidades de que lleguen a convertirse en los padres que quisieran ser: proactivos más que reactivos, adecuadamente protectores en lugar de demasiado controladores o permisivos, positivos en lugar de negativos, consistentes en lugar de asistemáticos, relajados más que tensos.

Dentro de este marco de referencia, los padres empezarán a dominar el arte de dar a sus hijos la libertad suficiente a fin de que desarrollen su capacidad para tomar decisiones y convertirse en personas seguras de sí mismas, independientes, responsables, pensantes, compasivas y comprometidas desde el punto de vista social. Al mismo tiempo, serán capaces de proveer la estructura, guía y disciplina indispensables para que sus hijos no se lastimen a sí mismos o lleguen a desarrollarse en individuos complacientes consigo mismos, poco considerados o aislados de la sociedad.

La presente obra presenta una filosofía de crianza infantil y una estrategia orientada a la acción basada en las cinco necesidades vitales de los niños y diseñada para generar niños, padres y familias emocionalmente sanas. Esto se logra por medio de:

◆ Presentar una visión de lo que la crianza infantil sería en su mejor expresión: orientada a metas, sistemática, proactiva, consistente, capaz de corregirse, inclusiva, positiva.

◆ Proveer una filosofía de crianza infantil: un conjunto de valores esenciales que permita a los padres interactuar con sus hijos a partir de una sensación de convicción y fortaleza.

◆ Centrarse en las cinco necesidades vitales de los niños, las cuales contribuyen de manera significativa a su salud emocional, así como especificar los métodos mediante los cuales los padres conseguirán satisfacerlas.

◆ Explicar por qué el sentido común y el amor son necesarios e importantes, pero no suficientes, y definir el amor de tal forma que se convierta en una fuerza más significativa en la crianza infantil.

◆ Especificar una estrategia que habilite a los padres a actuar de manera confiada y consistente en formas menos estresantes y más gratificantes para padres e hijos.

- Proporcionar planes de acción específicos que ayuden aun a los padres más ocupados a participar en experiencias de crecimiento con sus hijos y que creen un estilo de vida equilibrado para ellos mismos.

- Brindar a los padres herramientas sencillas pero poderosas para realizar cambios constructivos y oportunos.

Los niños que crezcan con este método de crianza están en mayores probabilidades de:

- Respetarse a sí mismos e interactuar con sus padres y otras personas en forma respetuosa.

- Sentirse importantes e interactuar con personas y situaciones de una manera que refleje confianza en sí mismos.

- Aceptarse a sí mismos y a los demás, y tener una perspectiva positiva acerca de la vida.

- Dar la bienvenida a responsabilidades y tareas que enriquezcan la vida familiar.

- Llegar a ser autosuficientes y capaces de resistir las influencias negativas que provengan de sus amistades o compañeros y de la sociedad.

- Adquirir autodisciplina y evitar acciones impulsivas y autodestructivas.

- Compartir sus felicidades, ansiedades y problemas con sus padres de manera abierta y estar dispuestos a pedirles información y consejo.

- Tener la suficiente seguridad en sí mismos para escuchar críticas, admitir sus errores y hacer cambios.

- Desarrollar relaciones positivas con sus hermanos y pares amigos o compañeros.

Al escribir la presente obra he considerado diversos recursos. Los conceptos iniciales provinieron de mi experiencia personal, del análisis de las relaciones e interacciones que como niño tuve con mis propios padres, que como padre tuve con mi propio hijo y que como maestro tuve con mis alumnos y sus padres. A partir de estas reflexiones iniciales empecé a formular algunas ideas generales y muchas preguntas acerca de las necesidades de los niños y de las conductas parentales que las obstaculizaban o satisfacían.

Tales ideas empezaron a fusionarse durante los siete años que fungí como codirector del proyecto auspiciado por la Fundación Ford para crear una escuela primaria modelo en el sistema de escuelas de la ciudad de Los Ángeles. En mi estrecho trabajo con maestros, padres y niños, me fue evidente que algunos adultos eran más eficaces con los niños que otros. Al tratar de encontrar qué era lo que explicaba estas diferencias, empecé a observar las interacciones entre padres e hijos con mayor detalle y proseguí con conversaciones extensas con padres, maestros y niños. Fue durante esta etapa que empezó a cristalizar mi concepto de las cinco necesidades vitales de los niños.

A partir de esto, impartí una serie de conferencias y seminarios acerca de las relaciones entre padres e hijos, patrocinados por grupos escolares, religiosos y cívicos. La confirmación del concepto de las cinco necesidades vitales de los niños surgió a partir de entrevistas y cuestionarios llevados a cabo con los varios cientos de jóvenes y padres que asistían a estas sesiones. El material y las conclusiones expuestos aquí representan una síntesis de estas experiencias y de toda una vida de observación y estudio.

Este libro está escrito para los padres de hijos de todas las edades y para quienes esperan a su primer bebé. También tiene especial importancia para maestros y escuelas, estudiantes a nivel medio superior y superior, y cualesquiera otras personas involucradas en el bienestar de los niños y sus familias, incluyendo creadores de políticas y legisladores. En esencia, trata del enriquecimiento de la salud emocional de hijos y familias, del fortalecimiento de familias y escuelas, de pasar de manera rápida y deliberada del concepto a la acción, así como de la crianza infantil positiva y satisfactoria. ¡Trata de la crianza infantil como si los niños **realmente** importaran! ¡Y los padres también! A final de cuentas, trata de la creación de un mundo mejor: un niño, una familia y una sociedad a la vez.

Las cinco necesidades vitales de los niños

(Criar niños como si realmente importaran)

odos los niños, a todas las edades, comparten cinco necesidades vitales que permanecerán con ellos a lo largo de sus vidas: de sentirse **respetados, importantes, aceptados, incluidos** y **seguros.** Las llamo "vitales" porque cuando se satisfacen son la clave para el desarrollo de un niño emocionalmente sano. Este conocimiento sirve a los padres como un mapa que guía sus acciones en la creación de un ambiente sano desde el punto de vista emocional en el hogar. En el presente capítulo usted aprenderá cómo es que los padres, sin saberlo y sin intención alguna, no logran satisfacer las necesidades emocionales de sus hijos y el tipo de problemas que esto crea para sus hijos y sus familias. Aún más importante, averiguará la forma en que los padres pueden conseguir establecer una relación padre-hijo emocionalmente sana y los beneficios perdurables que eso genera. Además, se hará evidente que las oportunidades para contribuir a esto cada día están al alcance y dentro de las capacidades de todo padre.

La necesidad de sentirse respetados

Los niños necesitan sentirse respetados; para que eso suceda, es necesario que sean tratados de manera cortés, considerada, atenta y educada—como individuos, merecedores de la misma cortesía y consideración que se otorga a los demás—. Durante mi infancia, a menudo oía cosas como "Trata a tus padres con respeto, y también a tus maestros y a otros adultos"; eso está muy bien, es preciso decir esas cosas, pero una de las mejores maneras en que nuestros niños aprendan acerca del respeto es mediante sentir lo que significa ser tratados de manera respetuosa y observar a sus padres y a otros adultos brindarse la misma consideración unos a otros.

Cuando no se brinda respeto a los niños, su autoestima sufre y se propicia un comportamiento rebelde y carente de respeto hacia los demás. Es de llamar la atención el hecho de que muchos padres tratan a sus hijos en formas que a ellos les parecían inaceptables cuando eran niños. A pesar de que, en apariencia, los padres deberían saber más, parece que les resulta difícil sobreponerse al condicionamiento de su temprana infancia. Los niños necesitan recibir el mismo respeto que nosotros mismos consideramos apropiado; por ejemplo, es igual de fácil y toma el mismo tiempo decir, "Lo siento, mi vida. En este momento no tengo tiempo", en lugar de "¡¿Qué no puedes ver que estoy ocupado?! ¡Deja de molestar!". Con los niños, un sencillo acto de cortesía puede hacer mucho.

Las opiniones, valores, actitudes y acciones de los padres son importantes para sus hijos, incluso a los adolescentes que en ocasiones quieren hacer parecer lo contrario. A menudo, la falta de cortesía, mala educación y desconsideración de parte de los adultos es el resultado de la irreflexión. Quizá no pensamos que los niños tengan las mismas necesidades que los adultos y pasamos por alto el efecto que tiene sobre ellos con lo que uno dice y la forma en que lo hace. Si a los niños se les trata con respeto, es más probable que actúen de la misma manera hacia los demás, incluyendo a sus propios hijos cuando ellos se conviertan en padres.

A continuación se presentan algunos ejemplos donde hay mucho que puede mejorarse.

MALA EDUCACIÓN, DESCORTESÍA

En cierta ocasión estaba yo de visita con un amigo que sostenía una conversación con su hijo de ocho años de edad y el teléfono empezó a sonar. Aunque el niño estaba hablando, el padre se levantó de manera precipitada y tomó la llamada sin decir nada, e inició una larga conversación con su interlocutor telefónico. Cuando el menor se acercó para terminar lo que estaba diciendo, su padre frunció el ceño y dijo con voz fuerte, "No seas maleducado. ¿Qué no ves que estoy hablando por teléfono?". Yo preguntaría, ¿quién estaba siendo maleducado?, ¿el padre o el hijo?

Al oír que sonaba el teléfono, cuán distinto habría sido que el padre dijera a su hijo, "Disculpa, Beto. Déjame ver quién habla. Enseguida regreso". Y qué tal si hubiera dicho a quien hablaba, "Lo siento, voy a tener que llamarte más tarde. Estoy teniendo una conversación con mi hijo". No sólo habría sido respetuoso, sino que imagine cuán importante se hubiera sentido el niño.

Cierto día, cuando laboraba para una empresa de investigaciones, me fue mal en el trabajo, desalentado, me fui temprano a casa. Cuando llegué y entré a la cocina, mi hijo ya había regresado de la escuela; estaba comiendo cereal con leche y noté que había dejado la puerta del refrigerador un tanto abierta. Empecé a regañarlo por su falta de consideración y a decirle que toda la comida se echaría a perder y que no podíamos darnos el lujo de desperdiciarla . . . de pronto David empezó a llorar.

"¿Por qué lloras?" le grité.

"No lo hice a propósito; me tratas como si fuera un criminal", respondió.

"¡Pareces un bebé!" exclamé y salí de la casa.

Tomé una caminata corta para tranquilizarme y me percaté de que mi reacción había estado fuera de toda proporción y de que en realidad no tenía nada que ver ni con mi hijo ni con el refrigerador. Más bien, estaba en relación directa con la forma en que me sentía acerca de mí mismo y con la manera en que estaba haciendo mi trabajo. Actué como si lo último que el muchacho pensara cada noche antes de irse a dormir fuera hacer una lista de "cuántas formas puedo encontrar para hacer sentir terrible a mi padre el día de mañana", lo cual por supuesto no era así, pero mi tono de voz y actitud general implicaban que hubiera cometido una falta grave.

MENTIRAS

Otra manera en que a menudo faltamos al respeto a los niños es al mentirles. Cuando mentimos a los niños, perdemos credibilidad. Les damos la impresión de que hacerlo está bien, que tal vez los adultos no sienten que sea necesario decir la verdad a los niños. Las mentiras minan la confianza y entorpecen la comunicación, lo que entonces provoca una mayor destrucción de la confianza.

Las mentiras comienzan con cosas que en apariencia son pequeñas e insignificantes, como pedir a alguien que diga que no estamos en casa aunque sí nos encontramos allí, o decir a un niño "Esto es por tu propio bien" cuando sabemos que en realidad nos conviene a nosotros, o al hacer una promesa que no tenemos intenciones de cumplir. Al hacer esto perdemos la oportunidad de ayudar a los niños a comprender lo que significa mentir y lo que es la conducta ética. Y, más adelante, cuando los castigamos por mentir, agravamos el problema.

Un periódico describió la extensión del problema al afirmar que las mentiras se habían vuelto tan generalizadas en la sociedad estadounidense que a menudo las personas ya no saben cuándo están mintiendo y cuándo dicen la verdad. Para los niños que quieren creer que sus padres son virtuosos, pero que al mismo tiempo perciben algunas de sus mentiras e hipocresía, la tensión interna debe ser angustiante. Con frecuencia es inquietante que, a medida que crecemos, nos percatamos de que nuestros padres son seres humanos falibles con una multitud de defectos. En el caso de los niños, en especial, la honestidad sigue siendo la mejor política.

CONDUCTAS DENIGRANTES

Cuando los niños cometen errores o no hacen lo que se espera de ellos y los insultamos ("malo", "tonto", "cochino", "terco", "flojo", "glotón", "egoísta", etc.) o los humillamos de otra manera a través de palabras, tono de voz o acciones, les faltamos al respeto. Cuando yo era niño, había un dicho, "Palos y piedras te rompen los huesos, pero los insultos no pueden lastimarte". No lo crean. Los insultos sí lastiman y dejan una impresión negativa sobre los niños, misma que a menudo dura hasta la adultez.

El enojo exagerado, la impaciencia o el sarcasmo crean actitudes defensivas o conductas vengativas en los niños y tanto padres como hijos aprenden poco. Por ejemplo, decir con sarcasmo a un muchacho que está por terminar su educación media superior y que, según usted, no muestra el interés suficiente en la escuela, que debería buscar un empleo de lavaplatos "porque eso es para lo único que vas a servir si no vas a la universidad", es tanto contraproducente como irrespetuoso. Decir a una chica adolescente que su maquillaje y su vestido la hacen ver como una cualquiera no la alentarán a que recurra a usted para obtener consejo acerca de su arreglo personal. Hay maneras respetuosas de tratar estos asuntos sin dañar la relación ni estorbar la comunicación.

Un día, mientras caminaba alrededor del lago de un parque, noté a un niño pequeño, tal vez de tres años de edad, que estaba montado sobre un triciclo y que iba zigzagueando de un lado a otro. Su padre, quien caminaba unos metros detrás de él, le gritó, "Deja de zigzaguear. Ve derecho". El pequeño dejó de pedalear, volteó hacia su padre, lo vio con perplejidad, volvió la vista de nuevo y de nuevo empezó a zigzaguear. En ese momento, el hombre lo alcanzó y le gritó en forma amenazadora, "Te dije que dejaras de zigzaguear. Hazlo de nuevo y te vas a meter en líos". El niño volteó de inmediato y explicó, "Papi, no soy yo. Es el triciclo".

Es una historia graciosa, pero también tiene un mensaje. La situación simboliza lo que les sucede a los niños desde que nacen y a lo largo de su infancia. Tanto en casa como en la escuela, a los niños se les amonesta, corrige y ordena: "¿Qué estás haciendo?", "Deja de hacer eso", "Suelta eso", "Ven acá", "No hables así". Desde muy temprano, a manera de autodefensa, los niños aprenden a actuar de manera defensiva y a mentir, lo cual sigue hasta su adultez, aun después de que han logrado el éxito en sus vidas y tienen importantes puestos en los negocios y en el gobierno . . . sólo que entonces lo llamamos "ascender".

INTERRUMPIR/IGNORAR/ESCUCHAR
A MEDIAS

Faltamos al respeto a los niños cuando no los escuchamos, si nos distraemos con facilidad, no les prestamos atención o los ignoramos. Esto sucede cuando un niño hace algún comentario y no le respondemos o cambiamos el tema sin aludir a lo que dijo; también es frecuente que lo interrumpamos para ordenarle que haga algo. En ocasiones, amigos o familiares le hacen preguntas al niño y antes de que logre responder el padre rápidamente contesta en su lugar. En todas estas situaciones estamos actuando de manera irrespetuosa y la mayoría de las veces sin tener la más mínima idea de que tal conducta es inapropiada, aunque cuando nuestra pareja, amigos o padres nos hacen lo mismo experimentamos contrariedad.

EN RESUMEN

Si deseamos que los niños crezcan sintiéndose respetados y tratando a los demás del mismo modo, debemos interactuar con ellos de manera cortés, considerada y educada. Es preciso evitar los sarcasmos, la humillación y los gritos; mantener el enojo y la impaciencia al mínimo; evitar las mentiras; escuchar más y hablar menos; dar menos órdenes y sugerir y pedir con mayor frecuencia; aprender a decir "por favor", "gracias", "discúlpame" y "lo siento"—sí, incluso a los niños—. Esto no quiere decir que los padres deban ser santos; que nunca pierdan la paciencia, actúen de manera inadecuada o hagan demandas. Pero sí significa que es indispensable esforzarse por identificar los errores, estar dispuestos a admitirlos, listos para corregirlos y efectuar el intento de cultivar estos valores en nuestros hijos. Más importante aún, de esta manera nos convertiremos en modelos de rol de conductas respetuosas para nuestros hijos cuado interactuemos con nuestras parejas y otras personas, jóvenes y mayores. No olvide que ningún niño es demasiado pequeño para ser tratado con respeto.

La necesidad
de sentirse importantes

Sentirse importante alude a la necesidad que el niño tiene de sentir, "Yo valgo. Soy útil. Tengo poder. Soy alguien". Esta necesidad es evidente a una edad muy temprana. Recuerdo haber observado a una niña pequeña en un elevador cuando su madre estaba a punto de presionar el botón para seleccionar un piso; la pequeña exclamó, "¡No, no, yo, yo!" mientras se paraba de puntitas tratando de alcanzar el botón. Los niños quieren hacer las cosas por sí mismos y con demasiada frecuencia nos interponemos en su camino.

Una mañana me encontraba desayunando con una joven mamá y su hijo, sentado en una silla alta para bebés. El niño estaba tratando de alimentarse a sí mismo y estaba regándose comida sobre el babero y la ropa; entonces su madre le arrebató la cuchara y le gritó, "¡Deja eso! Estás haciendo un regadero. A ver, yo te doy de comer". Qué diferencia si en vez de eso le hubiera abrazado y animado con algo como, "¡Qué bueno! ¡Estás tratando de comer solo!".

En otra ocasión, una estudiante a nivel medio nos dijo que había llegado en segundo lugar en una competencia de natación y que sus padres la habían hecho sentir que era una fracasada. Me recordó a nuestros atletas olímpicos que se preparan, entrenan y sacrifican durante años y que, si no ganan una medalla de oro, se sienten fracasados, incluso con una medalla de plata. ¡Imagínense ser los segundos mejores del mundo y sentirse frustrados!

Si los niños no se sienten importantes (y este es un problema crucial para los jóvenes en la actualidad), si no desarrollan una sensación de valía en formas constructivas, es posible que busquen maneras negativas para llamar la atención. Quizá lleguen a volverse rebeldes, hostiles y antagónicos, en ocasiones entran en bandas o pandillas y existe la posibilidad de que recurran a las drogas, sexo, delincuencia o violencia. Al extremo opuesto, algunos se tornan apáticos o aislados; carecen de iniciativa y ambición y dependen demasiado de los demás.

Uno de los retos más significativos que enfrentan los padres, las familias y las comunidades es encontrar maneras para ayudar a los niños a desarrollar esta sensación de importancia. Si uno lo piensa, encontrará infinidad de formas para hacerlo. Considere a continuación algunos ejemplos de la forma en que los padres obstaculizan o satisfacen esta necesidad.

SOBREPROTECCIÓN

Los padres disminuyen la sensación de poder de los niños al limitarlos en exceso. Yo, en particular, fui un padre sobreprotector. Como niño, creciendo en la Ciudad de Nueva York con padres trabajadores, tuve mucha libertad; me la vivía en la calle y en múltiples ocasiones me sentí solo y asustado. A causa de estos sentimientos, cuando me convertí en padre decidí que mi hijo nunca se sentiría como yo de modo que, guiado por mis temores, me volví demasiado controlador; su madre también lo crió a partir de un exceso de temor. No fue una decisión que le beneficiara a él y tampoco a nosotros; creó una cantidad considerable e innecesaria de discordia y rebelión en nuestro hogar.

Los niños necesitan experimentar e intentar hacer las cosas. Esa es la forma en que aprenden y crecen, así es como se desarrolla su sensación de poder. Es preciso alentar su curiosidad, interés en la experimentación y deseo de aventura, no inhibirlos. Con demasiada frecuencia les decimos "no". Los niños necesitan oír muchas más veces "sí" que "no".

Si bien es cierto que debemos tomar medidas para proteger a nuestros hijos de peligros reales, también es preciso determinar si tan sólo hemos imaginado o exagerado peligros potenciales. A menudo, el temor hace que los padres confundan posibilidad con probabilidad: debido a que algo es posible, con frecuencia actuamos como si fuera probable. Ésta es una distinción importante que los padres deberían tener en mente. Darnos cuenta de que muchas de las cosas a las que tememos son muy improbables nos ayudará a decir "sí" con mayor frecuencia y a preocuparnos menos. De la misma manera, distinguir entre actividades de alto y bajo riesgo facilitará nuestro proceso de toma de decisiones.

PERMISIVIDAD EXCESIVA

Lo contrario de ser sobreprotectores es ser permisivos. Es cierto, los niños necesitan oír más veces "sí" que "no" durante su desarrollo, sin embargo, cuando rara vez o nunca les decimos "no" o intentamos satisfacer todos sus "deseos", es muy posible que desarrollen una falsa sensación de merecimiento y expectativas irreales que les harán daño en el futuro conforme empiecen a lidiar con las realidades de la vida. He ahí la razón por la cual es importante distinguir entre la satisfacción de las "necesidades" vitales de los niños (mismas que merecen por el mero hecho de existir) y la de sus "deseos" (que están sujetos a criterios como la edad, madurez y personalidades de los miembros de la familia, economía y valores familiares). La comida y la ropa son "necesidades" que deben sufragarse, pero la comida chatarra, el buceo o ver televisión toda la noche son "deseos" de una naturaleza muy distinta. De cualquier modo, incluso cuando decimos "no" a cualquier "deseo," es importante hacerlo de tal forma que se respeten las cinco necesidades vitales, lo cual implica quizá explicar las razones de la negativa además de escuchar y responder a las reacciones del niño.

HABLAR DEMASIADO/NO ESCUCHAR

Con frecuencia los padres contribuyen a la sensación de impotencia de los niños al hablar demasiado y no escuchar lo suficiente. Hablamos, sermoneamos, damos consejo, les decimos cómo sentirse y qué pensar, los abrumamos con palabras cuando deberíamos estar escuchándolos y prestando más atención a lo que dicen, piensan y sienten. No escuchar, en realidad es como decirle, "No me interesa lo que quieras decir, no eres lo bastante importante para mí como para que te escuche". En tanto que escuchar es tanto como expresar "Me importa lo que quieras decir. Eres importante para mí".

Uno de los recursos más valiosos en las relaciones inter-personales—y que poseen muy pocos individuos—es la capacidad de prestar total atención a la persona con quien uno está, lo cual transmite la sensación de ser la persona más importante en el mundo en ese momento. En el caso de los niños, es de particular importancia que sean escuchados con atención y estar del todo presentes. Esto no exige de manera imperiosa dedicar mucho tiempo. Aun si usted sólo tiene unos cuantos minutos, deje todo lo demás a un lado y brinde toda su atención al menor; actúe como si por esos pocos minutos no hubiera nada ni nadie que fuese más importante.

Cuando escuchamos a los niños, no sólo les damos una sensación de importancia, sino que aprendemos más acerca de ellos. Además, como resultado querrán escucharnos más a nosotros, creando muchas oportunidades para que influyamos en ellos de maneras positivas y constructivas.

TOMA DE DECISIONES

Cuando los padres son omniscientes y omnipotentes—toman todas las decisiones y resuelven todos los problemas—, los niños pierden la oportunidad de desarrollar la seguridad en sí mismos. Involucrarlos en la toma de decisiones y en la solución de problemas, pedir sus opiniones y escuchar sus respuestas, contribuye a su sensación de "Soy alguien".

No es que a cierta edad las personas desarrollen un buen criterio de manera mágica o se conviertan en tomadores de decisiones expertos; más bien, se tornan hábiles para tomar decisiones más importantes y mejores después de haber experimentado con decisiones más pequeñas a lo largo del camino.

Existen innumerables oportunidades para involucrar a los niños en la toma de decisiones a cada nivel de edad. Sea que se trate de resolver un problema familiar, preparar el menú para las comidas familiares, planear alguna actividad familiar, decidir qué ropa usar o cuidar de una mascota, en todas ellas es factible involucrar a los niños. Siempre que sea posible debemos pedir a nuestros hijos que nos den su opinión, darles opciones y dejar que tomen sus propias decisiones de acuerdo con su edad y madurez, además deberíamos continuar disponibles para considerar con ellos sus decisiones. Ésta es una manera en que los menores aprenden acerca de sus fortalezas y debilidades, así como desarrollar su capacidad de toma de decisiones y confianza propia.

Además de ayudar a los niños a sentirse importantes, usted se sorprenderá gratamente ante lo que ellos le dirán. Una noche, durante la cena, un padre de familia empezó a hablar acerca de su deseo de cambiar de trabajo debido a que no se sentía feliz con su actual puesto y pidió la opinión de sus hijos adolescentes. Su hija le preguntó por qué se sentía infeliz, después que él enumeró sus razones, ella preguntó, "¿Cómo sabes que va a ser diferente en algún otro lugar?". La plática subsiguiente le hizo detenerse y pensar. En realidad no había hecho su mejor esfuerzo por cambiar las condiciones del lugar donde trabajaba ni había analizado sus propias debilidades, lo cual estaba contribuyendo a su presente infelicidad. La pregunta de su hija le hizo darse cuenta de que sus problemas bien podrían resurgir en su siguiente empleo.

EN RESUMEN

No haga todo por sus hijos. Comparta tareas, labores domésticas, responsabilidades, autoridad y necesidad de rendir cuentas. Desde la más temprana edad, deje que lleven a cabo tareas cada vez más complejas tanto para sí mismos como para el resto de la familia.

Muchas áreas de la vida familiar proporcionan oportunidades en las cuales los niños pueden participar y contribuir de maneras significativas. Los padres deben evitar comportarse como todopoderosos, solucionadores de todos los problemas de la familia, tomando todas las decisiones, haciendo todo el trabajo, controlando cada cosa que sucede. Involucre a sus hijos. Pídales su opinión, déles cosas que hacer, comparta la toma de decisiones y el poder, bríndeles estatus y reconocimiento y tenga paciencia con sus errores cuando les lleve un poco más de tiempo o no hagan las cosas tan bien como las hubiera hecho usted. Es un hecho, los niños necesitan sentirse importantes. Si les damos formas constructivas y significativas para lograrlo, no necesitarán realizar actividades inapropiadas y destructivas para tratar de convencerse a sí mismos y a los demás de que "Soy alguien".

La necesidad
de sentirse aceptados

Los niños necesitan sentirse aceptados como individuos por derecho propio, con su propia singularidad, en lugar de tratarlos como un mero reflejo de sus padres, como objetos a moldearse a imagen de lo que sus padres creen que debería ser un hijo ideal. Esto significa que los menores tienen derecho a abrigar sus propios sentimientos, opiniones, ideas, inquietudes, deseos y necesidades. Con demasiada frecuencia los adultos denigran a sus hijos porque no les gustan los sentimientos u opiniones que expresan, o ignoran, trivializan o ridiculizan sus sentimientos e inquietudes. Cuando esto ocurre la comunicación se ve impactada de manera negativa y la relación se debilita. Si no escuchamos sus sentimientos, tan solo los ocultarán, cobrarán mayor fuerza y resurgirán más adelante como conductas inapropiadas o destructivas. También se reducirán las probabilidades de que los niños expresen sus inquietudes o que acudan con nosotros para ayudarlos con problemas cuando sea crucial para ellos que lo hagan.

Es indispensable reconocer que no se trata de que los sentimientos sean correctos o incorrectos, simplemente son. La aceptación no implica que nos gusten o que estemos de acuerdo con ellos ni tampoco es asunto de tolerar conductas. De hecho, confundir sentimientos y deseos con conductas es uno de los problemas más comunes que enfrentan los padres. Aceptar los sentimientos de un niño tan solo se refiere a reconocer que, como cualquier otro individuo, el menor también tiene sentimientos, mismos que no deben ser reprimidos o temidos, sino comprendidos y discutidos.

REACCIONES EXAGERADAS/ EMOTIVIDAD

Durante un taller para adolescentes, un muchacho de 18 años de edad en su último año de estudios a nivel medio superior narró la siguiente interacción con sus padres: al pedirles permiso para ir con varios amigos a pasar la noche en la playa de Santa Mónica después del baile de graduación, su padre respondió, "¡¿Qué?!¡ ¿Estás loco?! ¿No sabes la cantidad de asaltos que hay en Los Angeles?";

su madre se le unió, "¡De ningún modo!", exclamó. Según el muchacho, ambos padres salieron de manera precipitada de la habitación sin esperar respuesta.

Tal reacción emocional por parte de los padres se vio motivada a todas luces por el temor de que su hijo participara en lo que ellos percibían como una actividad peligrosa, algo con lo que cualquier padre se identificará con facilidad. Pero el muchacho no había hecho nada; sólo estaba solicitando permiso, expresando un deseo. La respuesta apresurada y negativa de los padres—tanto en contenido como en la manera de comunicarla—fue insensible a los sentimientos de su hijo. La respuesta retórica, "¡¿Qué?! ¡¿Estás loco?!" implica que debe haber algo que funciona mal en cualquier persona que tuviera tal deseo.

Un padre que aceptara el derecho de su hijo a tener sus propios deseos y que no se ve abrumado por el temor y la emotividad respondería de manera distinta. Por ejemplo, "Sí, me imagino que sería emocionante, pero tengo algunas reservas; con el tipo de delitos que están sucediendo hoy en día, eso me pondría muy nervioso. ¿Por qué no lo pensamos y lo discutimos un poco más?". Al aceptar el deseo del hijo, evitaremos que se desarrollen sentimientos negativos; puesto que estamos demostrando consideración hacia los sentimientos del joven, lograremos discutir la situación con una mayor probabilidad de encontrar una solución amistosa, ya sea tranquilizando los temores de los padres o pensando en alguna sugerencia alterna.

En un taller para padres una madre contó que su hijo había recibido una bicicleta para Navidad; un mes después habían ido de compras a un centro comercial cuando el niño, notando una bicicleta más sofisticada y de mejor calidad en el escaparate de una tienda exclamó, "¡Caray, cómo me gustaría tenerla!". La madre respondió, "¡Qué falta de gratitud! ¡Acabas de recibir una bicicleta nueva en Navidad!, ¿cómo puedes ser tan avaricioso?". Pero lo único que estaba haciendo el niño era expresar un deseo.

Con mucha frecuencia reaccionamos de manera exagerada sin pensar y exigimos al niño que observe estándares superiores a los que nosotros mismos cumplimos. En ocasiones, como adultos, ¿no nos hemos arrepentido de haber comprado algo después de ver otra cosa más deseable unas semanas después? Si la madre tan sólo hubiera dicho algo como, "Sí, me imagino que sería maravilloso tener el modelo más reciente pero, ¿sabes por qué no es posible?", tal vez el niño habría respondido, "Claro, porque me acaban de regalar una". Cualquiera que hubiera sido la respuesta del menor, la madre, al menos, hubiera podido tener una conversación con él— algo que con frecuencia los niños dicen no tener.

REPRESIÓN DE SENTIMIENTOS

Con frecuencia, hacemos un mal servicio a los niños cuando intentamos disuadirlos de experimentar sus sentimientos. Así, por ejemplo, el menor está alterado porque un amigo se ha enojado con él y el padre responde, "No seas tonto, no vale la pena que pienses en él. De cualquier manera tienes muchos amigos". Ahora es bastante probable que el niño se sienta el doble de mal: primero porque su amigo sigue enojado con él y después porque su padre le ha sugerido que sentirse mal es una tontería. Quizá el padre lo haga con la mejor de las intenciones y ocurre que no desea ver a su hijo infeliz, tal vez en ocasiones se siente frustrado porque percibe que el niño es demasiado sensible a lo que los demás dicen. Los padres quieren arreglar las cosas, hacer que todo esté bien, proteger a su hijo para que no lo lastimen—ese es su trabajo, ¿o no?

Aun así, es posible que el mensaje no reconforte ni ilumine. Quizá comunique la idea de que está mal sentirse alterado cuando pasa algo negativo; además de ocasionar incomodidad al niño, obstaculiza la conversación y niega al menor la oportunidad de explorar sus sentimientos. Cuando un padre comprende que los sentimientos no son ni correctos ni incorrectos y que su hijo tiene derecho a tener sus propios sentimientos, no intentará disuadirlo de experimentarlos. Al actuar de esta manera, el padre podría responder diciendo, "Imagino que debe dolerte que tu amigo se enoje contigo". También podría identificarse con su hijo y evocar sentimientos similares cuando él mismo era niño. El mensaje aquí es que está bien experimentar estos sentimientos. En ocasiones, quizá la angustia del niño sea de corta duración y desaparezca pronto, aun si el padre no dice nada.

No siempre es indispensable que los padres hagan algo acerca de los sentimientos heridos de sus hijos. Tan solo estar presentes y escucharlos a menudo es suficiente para ofrecer consuelo. Cuando persisten los sentimientos negativos y afectan al menor de manera negativa, el padre puede ayudar al niño a explorar dichos sentimientos y a considerar diferentes alternativas para manejarlos. Todo lo cual representa una mucho mejor opción que hacer que el niño se avergüence de sus sentimientos, los reprima y que después surjan en forma negativa, tal vez en momentos no anticipados o inoportunos.

SER DEMASIADO CRÍTICO

Otra barrera para satisfacer la necesidad de sentirse aceptado se observa cuando los padres critican a sus hijos en forma exagerada. Cuando esto sucede, es posible que los niños desarrollen una mala opinión de sí mismos, ignoren las críticas o se sientan derrotados, expresando una actitud tipo, "¿Qué caso tiene?, nunca van a estar satisfechos".

En contraparte, es factible que lleguen a sentirse frustrados y belicosos, lo que ocasiona que las interacciones entre padres e hijos se conviertan en batallas desagradables. Las razones detrás de la crítica o la negatividad quizá sean válidas o inválidas, razonables o irrazonables o una mezcla de ambas, pero si tal actitud es excesiva, a menudo desalienta la comunicación y afecta la relación en forma negativa. Los padres deben aprender a pasar por alto una amplia variedad de cosas. Existe un refrán en los negocios que también aplica a la crianza infantil: "No te preocupes de lo pequeño". No es necesario que los padres reaccionen a todo. Establecer juntas familiares regulares hace maravillas para la creación del ambiente adecuado para un muy necesitado y sostenido diálogo entre padres e hijos.

REFORZAMIENTO POSITIVO

Con los niños es importante enfatizar lo positivo; buscar cosas que podamos validar. En un exitoso libro de administración, *The One Minute Manager (El ejecutivo al minuto)*, de Kenneth

Blanchard y Spencer Johnson, uno de los puntos claves es la necesidad de atrapar a la gente haciendo algo bien y decírselos. Por desgracia, somos excelentes para sorprender a los demás haciendo algo mal, en especial a los niños; es fundamental cambiar el enfoque y atraparlos haciendo algo bien. Los niños necesitan más validación y menos denigración. Si buscamos ocasiones en que logremos elogiarlos, las encontraremos, y a medida que los elogiemos más, tales oportunidades se multiplicarán. No deberían ser elogios falsos, sino más bien encomios por logros verdaderos, por algo específico, más que por algo tan general que carezca de significado. Si es indispensable criticar, es preciso enfocarse en la conducta y no en la persona; cuando ha de negarse algo, resulta fundamental hacerlo con amor y no con enojo. Así, por ejemplo, uno diría "Estoy seguro de que sería muy emocionante pasar la noche en la playa con tus amigos y odio decepcionarte diciendo que no, pero me haría sentir demasiado nervioso", en lugar de exclamar, "¡¿Qué?! ¡¿Estás loco?!".

EN RESUMEN

Aceptar a los niños significa escuchar, tratar de comprenderlos y reconocer que tienen el derecho a abrigar sus propios puntos de vista, sentimientos, deseos, opiniones, inquietudes e ideas. Si actuamos de una manera que condena o ridiculiza sus sentimientos u opiniones, quedará implícita la sensación de que algo anda mal en ellos. Cuando eso sucede, las oportunidades de que el hijo escuche y sea influido por los padres se ven reducidas de manera significativa. Aceptación no es permisividad. No es darles carta blanca a los niños para que actúen de la manera que les plazca. Recuerde también la distinción entre **deseos y necesidades.** Nunca podrá satisfacer todos los deseos de sus hijos, ni le haría ningún bien al niño lograr algo así; por otra parte, desde el momento de su nacimiento, los hijos adquieren el derecho a que se satisfagan sus necesidades emocionales vitales y, como padres, debemos hacer todo esfuerzo posible para conseguirlo. Acepte a sus hijos como personas por derecho propio y actúe de conformidad con ello. Reconozca sus logros, no se preocupe de las cosas insignificantes, enfatice lo positivo y cuando tenga que decir "No", hágalo con amor.

Recuerde, usted también debe satisfacer sus propias necesidades si se ha de convertir en el mejor padre que es capaz de ser. De modo que relájese, nútrase y disfrute de la travesía.

La necesidad
de sentirse incluido

Los niños necesitan sentirse incluidos. Necesitan sentir que pertenecen, que son parte de las cosas, sentirse vinculados con otras personas y tener una sensación de comunidad. John Gardner, anterior Secretario de Salud, Educación y Bienestar en EUA, dijo alguna vez que el problema con nuestras ciudades es que no son comunidades, sino más bien campamentos de desconocidos. A veces, lo mismo sucede con las familias.

Así que, ¿cómo creamos esta sensación de comunidad, esta conexión con los demás? Esa es la razón por la que los chicos se unen a bandas, pandillas, clubes y equipos: para satisfacer esa necesidad de pertenencia. Esto sucede cuando las personas participan con otras en actividades y proyectos, cuando experimentan las cosas en conjunto de manera significativa. Es importante que la familia cree estas oportunidades.

Las personas que hacen cosas juntas se sienten cercanas las unas de las otras. Las actividades familiares se convierten en una manera de lograr la cercanía y también de divertirse, aprender y contribuir con los demás. Una fuerte identificación con la unidad familiar hace que los niños sean más resistentes a las influencias negativas exteriores y se mantengan más abiertos a los modelos de rol positivos dentro de la familia. Es evidente que resulta imposible incluir a los niños en todo, pero es preciso hacer un esfuerzo consciente con el objetivo de crear actividades familiares que sean atractivas para todos.

ACTIVIDADES

La infancia es una época de curiosidad y experimentación. Las actividades familiares se pueden utilizar para lograr que los niños intenten cosas nuevas, amplíen sus intereses y fortalezcan sus relaciones con otros miembros de la familia. El apéndice B, la Lista de actividades familiares, es un amplio inventario de más de 150 categorías de actividades. Juntos, los miembros de la familia encontrarán actividades agradables para todos y en las que todos puedan participar y aprender.

Una opción es crear noches de actividades especiales, como de sucesos de actualidad, de chistes y humor, de películas, de juegos de mesa, cartas, para aprender trucos de magia y mucho más. En ocasiones, una actividad de preguntas y respuestas resulta interesante y divertida. Por ejemplo, cada persona inventa una pregunta o la selecciona de un libro como de *The Kids' Book of Questions* (El libro de preguntas para niños; *véase Apéndice A* – Stock, G.). Entonces la familia considera las preguntas, una a la vez. Una pregunta que a mí me gusta es, "Estás caminando por la calle y encuentras una cartera que contiene dinero. ¿Qué haces? a) Vas a la estación de policía más cercana y la entregas; b) Vas a casa, les dices a tus padres y les preguntas qué hacer; c) Sacas el dinero, tiras la cartera a la basura y te vas a divertir con tus amigos". Cuando un niño selecciona la opción c), en lugar de sermonearlo acerca de cuán incorrecto es eso, preguntarle las razones para su respuesta es mucho más valioso a fin de aprender algo acerca de la forma en que piensa. Una respuesta que un niño me expuso tras hacerle esa pregunta fue, "Bueno, es que si llevara el dinero a la estación de policía nunca regresaría a la persona que lo perdió. Lo más probable es que el policía se quedaría con el dinero; entonces, mejor yo que él"; lo cual podría abrir una discusión acerca de la policía, la honestidad y demás; incluso podría resultar en una visita a la estación de policía.

Cuando las actividades se repiten de manera habitual llegan a convertirse en tradiciones y rituales que satisfagan las necesidades de sentirse incluido y seguro (véase el capítulo 4, Estrategia #7, para considerar algunos ejemplos de esto.)

VIDA LABORAL DE LOS PADRES

Incluir a sus hijos dentro de su vida laboral tiene una variedad de beneficios. Descríbeles dónde labora, lo que hace, con quién trabaja y cómo se siente acerca de su empleo y de sus compañeros. Incluya cualquier cosa que les ayude a entender esa parte de su vida. De ser posible, llévelos al sitio donde trabaja, preséntelos a sus compañeros y muéstreles su oficina. Anímelos a que le hagan preguntas y después averigüe lo que pensaron acerca de la visita; qué les impactó y qué aprendieron. Si trabaja en casa o por su cuenta o tiene un negocio propio, preséntelos a sus clientes y compañeros de trabajo, tal vez sea posible que realicen algún trabajo para o con usted. Dado que el trabajo es una parte tan importante de su propia vida, sus hijos se sentirán más vinculados con usted. Aprenderán un poco más acerca de quién es usted. Cuando discuta con su cónyuge algo acerca del trabajo, es probable que los menores muestren un mayor interés y aprendan algo a partir de la forma en que enfrenta diferentes situaciones y retos. A usted le daría la oportunidad de pedirles su opinión, ver sus reacciones y aprender algo acerca de la manera en que piensan. Una introducción temprana a lo que implica el ambiente laboral es provechosa.

COMUNICACIÓN

"La comunicación es el elemento vital de una organización, el adhesivo que mantiene todo unido y el lubricante que permite que todo siga en movimiento." Esa es una cita que leí en alguna ocasión y me parece que también aplica a las familias; por desgracia, la comunicación no es un área de fortaleza familiar. Con demasiada frecuencia, la comunicación entre padres e hijos suele ser breve, pasajera, aburrida o fortuita, más parecida a una entrevista que a una conversación o discusión:

"¿Adónde vas?". "A la calle."
"¿Qué vas a hacer?". "Nada."
"¿Con quién vas?". "Con mis amigos."
"Asegúrate de llegar a casa para la hora de la cena." "Está bien."

En consecuencia, a pesar de sus mejores intenciones, los padres dedicados entienden poco acerca de lo que sus hijos piensan o sienten. Al mismo tiempo, es frecuente que los niños se sientan incomprendidos y confundidos acerca de las acciones de sus padres, además de experimentar frustración por lo que perciben como intentos de control y sobreprotección.

En un foro televisivo nacional, en el aniversario de la matanza de la Columbine High School, con la participación de maestros, padres, empresarios, representantes comunitarios y estudiantes, el problema se hizo muy evidente. Los adultos enfatizaron la necesidad de que los padres supervisaran a sus hijos de manera más cercana, es decir, que sepan a cada momento lo que sintonizan en la televisión, lo que hacen, dónde se encuentran y con quién; además de la importancia de establecer mayores reglas y disciplina en caso de violarlas.

Uno de los estudiantes articuló otra perspectiva acerca del problema de manera elocuente al afirmar con fervor que los adultos "exageraban" al pensar que podrían vigilar y controlar a sus hijos las 24 horas del día; también recomendó a los padres que aprendieran a confiar en sus hijos y que tomaran las cosas más a la ligera para que los jóvenes pudieran sentirse cómodos de confiar en ellos de vez en cuando. El estudiante terminó sus comentarios rogando a los adultos que se convirtieran en mejores modelos de rol, no en mejores sermoneadores o policías, en especial si esperaban llegar a tener alguna influencia real sobre sus hijos.

A fin de ilustrar la brecha que debe franquearse, considere algunos ejemplos típicos de las respuestas escritas que proporcionan tanto padres como hijos a un cuestionario en distintos talleres.

Pregunta del cuestionario: De manera breve escriba una pregunta, inquietud o problema que tenga en cuanto a las relaciones entre padres e hijos.

Respuestas típicas—
Estudiantes a nivel medio superior

- ◆ Te gritan demasiado por cosas que no son importantes.
- ◆ ¿Cómo se puede convencer a los padres cuando creen que siempre tienen la razón?
- ◆ Parece que ya se dieron por vencidos conmigo.

◆ ¿Por qué siempre son tan escépticos los padres?

◆ ¿Cómo puedo decirles la verdad cuando no siento que ellos me dicen la verdad a mí?

◆ Sus reacciones exageradas me hacen sentir peor acerca de la escuela de lo que ya me siento.

◆ No me siento cómodo hablando con ellos acerca de mis problemas y sentimientos.

Respuestas típicas—Padres

◆ ¿Cómo puedo lograr que mi hijo haga la tarea? Dice que es aburrida.

◆ El cuarto de mi hijo parece un chiquero. ¿Qué puedo hacer?

◆ ¿Cómo puedo manejar la terquedad sin recurrir a gritos o nalgadas?

◆ Me preocupa que mis reacciones a las situaciones estén haciendo que nuestros hijos se alejen de nosotros.

◆ No puedo obtener respuesta a preguntas abiertas acerca de las relaciones.

◆ ¿Cómo puedo disciplinar a mi hijo de manera eficaz sin afectar su espíritu/curiosidad?

◆ Mis niños se pelean todo el tiempo. Me vuelve loca.

◆ Cuando confías en tu hijo y te das cuenta de que te ha estado mintiendo, ¿cómo recuperas la confianza y el respeto?

En general, los padres expresan frustración y preocupación cuando no logran que sus hijos hagan lo que esperan de ellos y al no saber cómo proceder ante esta situación. Parece que pasan por alto que sus hijos tienen necesidades emocionales no satisfechas. El resultado final es un círculo vicioso en donde la falta de comunicación ocasiona una disminución de confianza que, a su vez, provoca una comunicación más reservada, lo que deja una sensación de frustración tanto en padres como en hijos. Lo que exacerba esta situación es la falta de cualquier tipo de discusión significativa acerca de estas cuestiones. Ésta es la razón por la que las deficiencias familiares pasan de una generación a la siguiente.

El reto que enfrentan los padres es pasar de intercambios esporádicos y breves a un diálogo sostenido y sustantivo. Las reuniones familiares y, en especial, las sesiones de retroalimentación, proporcionan el entorno y contexto para que esto suceda.

LA FAMILIA COMO COMUNIDAD

Me gusta el concepto de familia como una comunidad cuyo bienestar depende de la calidad de sus decisiones, de la cooperación de sus miembros, de una sensación de pertenencia y de los sentimientos positivos de estima entre unos y otros. Una meta específica es interactuar unos con otros en formas que satisfagan las cinco necesidades vitales de cada persona, y donde todos los miembros compartan las tareas y responsabilidades de la familia. El concepto de familia como comunidad de aprendizaje es importante. Es una idea que debe expresarse y demostrarse desde un inicio y que conviene considerar a menudo con los niños.

Reuniones familiares

Las reuniones familiares constituyen una actividad importante para que padres e hijos evalúen su desempeño tanto individual como colectivo y encuentren maneras de hacer que las cosas sean mejores. Así, se crea una sensación de comunidad a través de compartir sentimientos, información y experiencias. La participación en este tipo de reuniones aporta conocimientos y habilidades que serán invaluables para los niños a lo largo de sus vidas.

Reuniones orientadas a metas (periódicas, según se necesite).

La familia intenta lograr un consenso en cuanto a la asignación de responsabilidades/tareas familiares; establecimiento de reglas familiares; solución de problemas; toma de decisiones; planeación de proyectos.

Me impresionó el enfoque de una familia a las tareas del hogar: en lugar de la práctica tradicional de que los padres delegaran las tareas a sus hijos, seguida de regaños constantes, sostuvieron una junta familiar para decidir juntos cuáles eran las responsabilidades. Primero, hicieron una lista de todas las cosas que era preciso hacer para que la familia funcionara. Luego eliminaron las cosas que sólo podían hacer los padres (los chicos quedaron impactados, nunca se habían dado cuenta de las muchas cosas que hacían sus padres). Después consideraron todas las tareas restantes y llegaron a un consenso de quién iba a ser responsable de cada una.

Una de las niñas estuvo a cargo de cuidar del perro de la familia. No sólo obtuvo este trabajo, sino que también se le dio un puesto: "Directora de cría de animales", también se le pidió que preparara y administrara un presupuesto; una vez que los demás aprobaron el presupuesto, la hija recibió el dinero y el control absoluto. Otro niño se convirtió en el Director de seguridad, entre otras cosas, era responsable de identificar los peligros potenciales de la casa y de avisar de ello al resto de la familia; estaba haciendo un excelente trabajo hasta que decidió implementar un simulacro de incendio a la 1:00 a.m. (¡Eso casi le cuesta el puesto!) Al final, cada quien recibió uno o más trabajos y puestos con la oportunidad de contribuir a la familia y de adquirir nuevas habilidades. Durante las juntas periódicas de retroalimentación, los miembros de la familia informaban acerca de los progresos, discutían problemas y soluciones e intercambiaban retroalimentación.

Juntas familiares de retroalimentación (continuas; una vez por semana o dos veces al mes).

Los padres deben reservar un espacio en el que se atiendan todas las inquietudes, sentimientos y problemas en un clima abierto y de apoyo, donde la familia en su totalidad pregunte, "¿Qué tal nos está yendo como familia y como individuos, y qué podríamos estar haciendo de manera diferente y mejor?". El único punto a tratar es: "¿Qué logramos ver que otros, o nosotros mismos, estemos haciendo que obstaculice o ayude a que tengamos vidas felices, sanas y productivas?". Los individuos tienen la oportunidad de dar

y recibir retroalimentación, además de hablar acerca de lo que está
sucediendo en sus vidas a fin de pedir o dar ayuda.

Algunas familias han empezado a tener sesiones regulares de
retroalimentación familiar. En una sesión de este tipo, Alicia,
una madre trabajadora divorciada, se reunió con sus tres hijos,
Pamela, Roberto y Toño, de 12, 11 y 7 años de edad, respectiva-
mente. Ella inició compartiendo sus sentimientos de culpa acerca de
no pasar suficiente tiempo con sus ellos. Roberto respondió que
concordaba en el hecho de que los descuidaba; Pamela sintió que
Roberto debería dejar de quejarse y ayudar más a su madre; Toño
permaneció en silencio. Alicia revisó con ellos sus actividades
externas—su trabajo, iglesia y actividades sociales ocasionales—
comentando que no le parecían demasiado abrumadoras. Roberto
le recordó que había dejado fuera una importante categoría,
cuando Alicia le pidió que fuera más específico, él respondió,
"Diversos; te están 'diversificando' hasta morir"; la plática pos-
terior le dio la razón a Roberto: de manera constante a Alicia se le
pedía que participara en diversos comités en el trabajo, la iglesia,
políticos y cívicos, y a ella se le hacía muy difícil decir "no". Como
resultado de esta reunión, Alicia reconsideró sus prioridades y
realizó algunos cambios en su estilo de vida.

En una escuela de educación primaria, donde en el grupo de
segundo año se llevaban a cabo reuniones de retroalimentación
semanales, una de las maestras preguntó a los niños qué había
hecho durante esa semana que les hubiera gustado o disgustado.
Uno de los pequeños dijo que se había enojado cuando lloró una
niña del salón.

"¿Por qué te enojaste?" preguntó la maestra.

"Pues, no me gusta cuando la gente llora...sólo lloran las niñas y
los mariquitas, y usted debió haber hecho que dejara de llorar."

"¿Algún otro niño o niña siente ganas de llorar en alguna
ocasión?".

"A mí a veces me dan ganas de llorar cuando mis papás se enojan
conmigo", respondió un niño.

"¿Y lloras cuando eso pasa?", preguntó la maestra.

"Claro que no", dijo él, "sólo lloran las niñas y los mariquitas".

En ese momento, un pequeño al fondo de la habitación levantó la mano y dijo, "Maestra, yo creo que las niñas lloran por fuera y los niños lloran por dentro".

Estas sesiones pueden crear un ambiente en donde los niños se sienten más dispuestos a compartir sus temores, preocupaciones y preguntas acerca de la escuela, la salud, el sexo y otros temas que de otra manera estarían avergonzados o reticentes a discutir con sus padres; asimismo, es un entorno en el que los padres estarían más dispuestos a compartir sus propios sentimientos y problemas familiares. Así, este tipo de sesiones contribuye a que los niños se sientan parte integral de la familia y también aprenden a apreciar más a sus padres como personas, no sólo como mamá y papá.

EN RESUMEN

Los niños necesitan sentirse incluidos y vinculados. Los problemas recientes en escuelas y familias nos han obligado a reconocer que existen más jóvenes angustiados que tan solo quienes cometen violencia, intentan suicidarse y usan drogas, y que esto también incluye a aquellos que tienen un éxito académico. Si los padres han de ser una influencia positiva sobre sus hijos, debe desarrollarse una fuerte sensación de comunidad. Todo ello se logra mediante hacer cosas juntos y proporcionando a los niños las oportunidades para tomar parte activa en las cuestiones familiares.

Seleccione actividades que todos los miembros de la familia encuentren interesantes y valiosas. Haga que los niños participen al escogerlas. Tome la decisión consciente de incluirlos en tantas elecciones, discusiones y decisiones como sea posible como parte de sus vidas cotidianas. Propicie que sus hijos participen en las reuniones periódicas, según sea apropiado para su edad, madurez y situación familiar. Estas reuniones pueden contribuir al desarrollo de habilidades de comunicación, toma de decisiones, resolución de problemas y otras habilidades vitales.

A fin de mantenerse sanas y felices, las familias necesitan saber cómo les está yendo; cuáles son sus debilidades, preocupaciones y problemas y lo que pueden hacer acerca de ellos; cómo sacar el mejor provecho y hacer el mejor uso de sus fortalezas y recursos, y la manera de recurrir unos a otros como fuentes de ayuda. Se recomiendan sesiones familiares semanales de retroalimentación y otras reuniones familiares para llevar a cabo este propósito y contribuir a la calidad de vida de los individuos y de la familia en su totalidad.

La necesidad de sentirse seguro

Los niños necesitan sentirse seguros. Seguridad significa crear un ambiente positivo en el que las personas se preocupan unas por otras y lo demuestran; donde la gente se expresa y los demás escuchan; en el cual las diferencias son aceptadas y los conflictos resueltos de manera constructiva; donde existen la suficiente estructura y reglas para que los niños se sientan seguros y protegidos y en el cual tengan oportunidades para participar de manera activa en su propia evolución y en la de la familia.

A continuación se presenta una discusión de elementos importantes que contribuyen a la sensación de seguridad de un niño.

LA RELACIÓN DE LOS PADRES

Los principales modelos de rol para sus hijos son los padres, cuando éstos riñen, se tratan de manera irrespetuosa y rara vez demuestran afecto, de modo que los niños experimentan ansiedad e inseguridad. Como dijo un joven estudiante, "Recuerdo haber visto a mis padres discutir y pelear. Eso no hubiera sido tan malo, excepto que nunca vi que hicieran las paces". Algunos menores sienten que de alguna manera son la causa de que sus padres no se lleven bien. Durante una discusión al final de un seminario cierta madre comentó, "Increíble, qué revelación, mi marido y yo tenemos las mismas cinco necesidades". El consenso del grupo fue que si las parejas se trataran entre sí teniendo estas cinco necesidades en mente, serían mejores modelos de rol para sus hijos y habría matrimonios más felices, menos divorcios y más niños seguros y felices.

UN AMBIENTE DE INTERÉS Y AFECTO

Entre otras cosas, un ambiente de interés es uno en el que los miembros de la familia expresan afecto los unos hacia los otros. Observar el afecto entre los padres y recibirlo de parte de ellos es muy importante para la sensación de seguridad del niño. Los principios y los finales son de especial importancia: la manera en que se empieza y termina el día, la semana, el mes y el año presenta oportunidades para demostrar afecto de manera habitual. A menudo los padres me dicen que sus días empiezan de manera caótica: van al cuarto de los niños y gritan, "¡Muy bien, fuera de la cama, van a llegar tarde a la escuela! ¡Si tengo que decírselos una vez más no habrá postre ni dinero el resto de la semana!". Un padre nos dijo, "Mi madre no hacía eso. Entraba a mi cuarto, me acariciaba el pelo con suavidad y me decía, 'Mi vida, es hora de levantarse, prepárate para la escuela mi amor', Después de eso, me gritaba". Esta madre al menos iba por el camino correcto.

En otro taller, una mujer nos relató cómo se había hartado de tener que gritar amenazar y pelear con sus niños para que se levantaran de la cama por las mañanas, así que decidió poner fin a esa situación. Se reunió con ellos una noche y anunció que 1) ya no los iba a despertar; esa era responsabilidad de cada quien; 2) todos tenían que estar a la mesa para desayunar a una hora específica y 3) si no cumplían, tendrían que prepararse su propio desayuno y no los llevaría a la escuela en el automóvil. Hizo esto sin expresar enojo. Los otros padres del grupo contuvieron la respiración colectiva y preguntaron, "¿Qué pasó?", ella respondió, "Durante dos días, los niños tuvieron que prepararse el desayuno solos y faltaron a la escuela. Al tercer día bajaron a tiempo, los llevé a la escuela y sigue siendo así hasta el día de hoy". Le tomó mucho tiempo llegar a ese punto, pero al final se dio cuenta de que un ambiente de interés también implicaba interesarse por sí misma.

TRADICIONES Y RITUALES

Establecer tradiciones y rituales de celebración brinda a los niños una sensación de estabilidad y seguridad. Además de celebrar las fiestas, cumpleaños y vacaciones habituales, quizá sea posible programar una cena semanal o mensual en la que los miembros de la familia compartan algo por lo que sientan particular gratitud; otra opción podría ser una cena de discusión donde se explore algún tema especial, por ejemplo, sucesos de actualidad, de interés humano o deportivos; quizá una noche especial de cuentos donde cada persona comparta alguna historia y dirija la conversación; cualquiera de las diversas reuniones familiares puede convertirse en una tradición; los viajes para explorar la ciudad podrían ser divertidos y valiosos; así como prestar servicios voluntarios a una institución de beneficencia o evento caritativo podría convertirse en una importante experiencia anual. Una actividad en especial valiosa sería aquella que tenga beneficios para la salud, como andar en bicicleta, trotar, caminar o nadar juntos.

ANSIEDAD PARENTAL

Los padres nunca dejan de preocuparse acerca de sus hijos, sin importar la edad que tengan y rara vez los dejan de tratar como si fueran niños, aun después de llegar a la adultez. Mi madre era una ansiosa de primera, una de mis anécdotas favoritas es de una ocasión en la que llegué a un hotel en Denver y recibí una llamada de ella; me habló para advertirme que me fuera a la cama temprano porque tenía un catarro cuando salí de Los Angeles. Mi hermano, que se encontraba conmigo en un circuito de conferencias, tomó el teléfono y respondió, "Mamá, el niño tiene 54 años de edad; él puede decidir a qué hora irse a la cama".

La preocupación es un fenómeno natural para los padres, pero en algunas familias es tan exagerada que los niños crecen dentro de una atmósfera de temor y agitación, donde la sensación generalizada es que el peligro está en todas partes y que la siguiente tragedia se halla agazapada a la vuelta de la esquina. Los padres sobreprotectores y demasiado controladores a menudo producen hijos inseguros, tensos y ansiosos, que llevan algunos de estos complejos y ansiedades hasta su adultez. Estos progenitores llegan a crear una carga para ellos mismos y para sus hijos. Una de las cosas más significativas que pueden hacer por sus hijos es crear un ambiente donde los adultos están relajados, felices e interesados en una vida que disfrutan. Por eso es tan importante que los padres cuiden emocionalmente de sí mismos y que esto constituya algo prioritario en sus vidas.

DISCIPLINA

¿Y la disciplina? Se trata de un factor capaz de contribuir de manera positiva a la sensación de seguridad del niño, siempre que sea entendida y aplicada de modo adecuado. Por desgracia, lo más frecuente es que no ocurra así. En la práctica, a menudo significa castigar al niño por portarse mal, con variaciones en el castigo y en lo que constituye una conducta inaceptable, en función del humor o antojo de los padres. Y, para empeorar las cosas, es factible que cada padre abrigue una visión distinta de una situación dada. Tal inconsistencia y ambigüedad crean confusión e inseguridad para padres e hijos, además de que ocasiona conflictos, cosa que no tiene por qué ser así.

Toda comunidad requiere límites, reglas y consecuencias, y lo mismo sucede en las familias. Los niños necesitan estructura, sin la cual no podrán sentirse seguros; sus propios impulsos e inexperiencia pueden ponerlos en riesgo. También los padres precisan estructura para proporcionar estabilidad a su familia y lidiar con sus múltiples responsabilidades y el veloz ritmo de los cambios sociales. Aquí es donde, una vez más, se vuelve pertinente el concepto de familia como comunidad de aprendizaje.

El proceso de establecer reglas y consecuencias en conjunto dentro de las reuniones familiares es un enfoque funcional que hace sentido y tiene múltiples beneficios adicionales. Brinda a todos una razón para hacerlo funcionar y aumenta las probabilidades de que así sea. Aún más importante, es una oportunidad para hacer una importante contribución a la satisfacción de las cinco necesidades vitales de los niños. Además de ser una maravillosa lección de civismo, contribuirá a unir a la familia y tiene la posibilidad de enriquecer las habilidades de los niños en pensamiento crítico, escritura, lectura, discusión, negociación y logro de acuerdos.

Para cada regla debería haber una razón. Si no le es posible determinar una razón, ¿por qué tendría que existir esa regla en particular? En general, las reglas y sus consecuencias deberían aplicar a todos, incluso a los padres. De lo contrario, los niños perderán respeto por el proceso y sentirán justificación para transgredir las reglas. En caso de que no apliquen a todos, algunas de ellas pueden ser específicas para los niños y otras para los padres.

Es indispensable que existan consecuencias para cualquiera que rompa una regla. Más que castigar, el propósito de las consecuencias es recordarnos la razón primaria por la cual existe la regla y, siempre que sea posible, la consecuencia debe relacionarse con la infracción. Por ejemplo, al descubrir que su hijo había tomado un juguete de una tienda, una madre sencillamente dijo, "En nuestra familia no tomamos cosas que pertenecen a otras personas ni robamos de los demás"; con enorme vergüenza para el niño, lo acompañó a la tienda para regresar el juguete y pedir perdón, el gerente aceptó su disculpa y explicó que si sucedía de nuevo, tendría que llamar a la policía.

Al establecer reglas y consecuencias, es preciso buscar consensos. Los beneficios de alcanzar consensos son tan enormes que vale la pena realizar el esfuerzo por obtenerlos. En todos los casos en que no se logre un consenso y sea necesario tomar una decisión, los padres siempre deben ser la autoridad final y los hijos deben comprender esto desde un principio. Algunas reglas no son negociables, lo cual representa otra oportunidad para que los niños experimenten cómo funciona "el mundo real". Cuando se han agotado las opciones, "no negociable" significa que tampoco queda discusión posible. Es conveniente que los padres se tomen el tiempo para explicar sus razones y escuchar los comentarios de sus hijos.

Es importante iniciar este proceso al principio del ciclo vital de la familia y continuar con revisiones, evaluaciones y alteraciones continuas. Una reunión anual para evaluar el año que acaba de finalizar y considerar propuestas de cambio podría convertirse en una tradición. Los niños participarían al máximo que les permita su capacidad, acorde con su edad y madurez.

Cuando presento los conceptos anteriores en conferencias y talleres, algunos padres reaccionan de manera negativa, aun cuando lo que ellos están haciendo no les está funcionando. Algunos temen ceder autoridad y perder el control; otros afirman que una familia no es una democracia, ni debería de serlo. Me parece significativo que muchos padres que no percibimos contradicción alguna en preparar a nuestros hijos para vivir en sociedades democráticas a la vez que los criamos en hogares y escuelas autocráticos. Tal vez esa es una de las razones por las que el "voto"—uno de los derechos más preciados de la democracia—se ejerce por un porcentaje tan bajo de quienes tienen derecho a él, tanto jóvenes como viejos de distintos partidos políticos.

Reflexiones adicionales acerca de la disciplina

Al buscar consensos y guiar a la familia hacia una responsabilidad y rendición de cuentas compartida, es importante que los padres enfaticen la necesidad de establecer límites y consecuencias razonables. Así también, las reglas no deben ser inmutables, conserve una actitud experimental: añadan, eliminen y cambien las reglas a medida que aprendan más acerca de lo que es justo, razonable y funcional. Los elementos que se describen más adelante son escollos que deberían evitarse.

Expectativas ambiguas

Las reglas y consecuencias referentes a áreas vitales de vida—por ejemplo, higiene personal, responsabilidades, comidas, sueño, salud, diversión, reuniones, derechos personales, televisión, computadora, tareas, peleas—deben plantearse de una manera lo bastante específica como para que todos entiendan lo mismo, incluyendo las razones que explican por qué cada una es importante y que las consecuencias acordadas son adecuadas.

Demasiadas reglas

Empiecen con algunas reglas básicas necesarias para la vida cotidiana en áreas en las que ya haya problemas o donde se pueden anticipar; por lo demás, añadan normas a medida que surjan las circunstancias. No se agobien con un gran número de reglas al principio.

Límites excesivos

A menudo, establecer límites arbitrarios e inflexibles da como resultado una falta de cumplimiento y tensión, haciendo que padres e hijos se conviertan en adversarios. Una vez que parezca que se ha llegado a un consenso, verifique que existe un acuerdo a fin de asegurarse que los individuos no sólo estén cediendo, sino que en verdad estén conformes.

Consecuencias inapropiadas/excesivas

Este tipo de castigos por lo general es difícil de imponer, a menudo se le percibe como injusto y, en consecuencia, proporciona poco aprendizaje, ya que el infractor suele estar preocupado con la injusticia de la situación, aun cuando se haya pensado que existía un acuerdo. De nuevo, verifique que existe un consenso antes de la decisión final.

Implementación inconsistente de las consecuencias

Cuando las consecuencias no se aplican de manera consistente o son tomadas a la ligera, el proceso pierde credibilidad y las reglas cada vez tienen menos significado. Es importante evitar las amenazas en lugar de las consecuencias, a menos que lleguen a formar parte del proceso. Es factible hacer excepciones, siempre y cuando exista un consenso y no se les interprete como precedentes.

Castigo físico

Es indispensable evitar el castigo físico, pues sólo está dirigido a síntomas y a menudo demora o incluso evita que se den soluciones. A menudo los menores dan una lectura equivocada ante tal tipo de castigo y propicia que más tarde se presenten consecuencias inadvertidas. Cuando golpeamos a un niño la lección es que resulta aceptable utilizar la fuerza siempre y cuando uno sea más grande y fuerte. Con frecuencia, las reacciones ante el uso de la fuerza no son inmediatas pero sí poderosas. Un niño que recibe nalgadas del director no puede hacer nada de inmediato, pero quizá regrese a la escuela durante el fin de semana para causar daño a alguna propiedad escolar; después de que uno de sus padres le da una nalgada, existe la posibilidad de que el hijo se desquite con un hermano menor o con algún compañero de clases.

Autodisciplina

Es necesario alentar y desarrollar la autodisciplina. Esto significa permitir que los niños exploren más cosas y que experimenten las consecuencias de sus acciones, de esa manera aprenden a anticipar consecuencias negativas y ejercitan autocontrol para evitarlas. Demasiado control externo priva a los niños de esta oportunidad.

EN RESUMEN

Los niños necesitan tanto libertad como control, asfixiarlos quizá dé como resultado niños intimidados o rebeldes. Una meta es protegerlos para que no sufran a consecuencia de sus impulsos e inexperiencia, otra es que tengan la libertad suficiente para llegar a ser individuos seguros de sí mismos, autosuficientes, compasivos, independientes, afectuosos y comprometidos en el ámbito social. Ver a sus padres involucrados en una relación amorosa y respetuosa es de suma importancia. Las tradiciones y rituales añaden una sensación de estabilidad y seguridad.

La disciplina es un tema discutido y polémico. No se debe ver como una entidad en sí, sino como un componente de la seguridad. Los padres son reconocidos como los líderes de la familia y, como tales, siempre serán la autoridad máxima. De manera ideal, se relacionarán con sus hijos e influirán en ellos desde una posición de liderazgo moral, no sólo de poder. Esto requiere de propiciar más oportunidades para que los niños se gobiernen a sí mismos y participen en la contribución y manejo de las condiciones de su existencia. Hacer que ellos sean parte integral de dicho proceso contribuirá a crear reglas y consecuencias apropiadas y consistentes, lo cual hará más probable que tales normas sean entendidas y sustentadas. En consecuencia, disminuirá la necesidad de administrar disciplina externa y favorecerá que desarrollen una autodisciplina. Así también, el proceso se convertirá en una excelente experiencia de aprendizaje para los niños (y también para los padres) que enriquezca sus habilidades de lectura, escritura, para escuchar, hablar, tomar decisiones, negociar, llegar a acuerdos y participar en la comunidad.

¿Y el amor?

Tal vez se haya preguntado, "¿Y el amor? ¿Por qué no se ha incluido el amor como una de las cinco necesidades vitales de los niños?". Fue omitido de manera deliberada, no porque carezca de importancia—por el contrario, es crucial—sino porque la palabra "amor" ha perdido algo de su fuerza y significado a causa de un uso excesivo e inadecuado.

En muchos casos, decir "Te quiero" o "Te amo" se ha vuelto trillado, carece de significado o es confuso. En una escena de la película Me quieren volver loca, ocurre una conversación entre la madre y su enemistada hija, la madre dice a su hija, "Sabes que te queremos, ¿no es así, mi vida? ¿No siempre te dijimos que te amábamos?". A lo que la hija responde con enojo, "¿Amor?, ¿qué sabes tú del amor? ¡Me dijiste que me querías, pero nunca me lo demostraste!" Así es, sin duda alguna existe una diferencia.

Hay padres que abusan de sus hijos o que los descuidan y después les dicen "Te quiero", pensando que eso compensa su conducta. Con demasiada frecuencia se equipara al amor con decir "Te quiero", pero si decirlo fuera suficiente no habría tasas de divorcio tan altas. Los matrimonios no se disuelven porque alguno de los cónyuges deje de decir "Te quiero", sino porque los miembros de la pareja dejan de tratarse con amor.

La mayoría de los padres aman a sus hijos, o así lo suponemos. Sin embargo, es imposible asumir a partir de esto que la misma cantidad de padres se comportan de forma amorosa. Mi respuesta a la pregunta de "¿Y el amor?" es que amar a los hijos es esencial y decirles "Te quiero" es importante, pero ninguna de ambas cosas es suficiente a menos que usted se comporte de manera amorosa. Por eso defino "actuar de manera amorosa" como relacionarse con los niños en formas que los hagan sentir **respetados, importantes, aceptados, incluidos** y **seguros** . . . esa es la mejor manera de decir, "Te quiero".

Reflexiones finales

Comprender las cinco necesidades vitales de los niños proporciona las bases para criarlos de manera progresiva y orientada a la acción. Este enfoque aplica a los menores de cualquier edad y segmento de la sociedad, además de que proporciona a sus padres una estructura concreta que guía las interacciones con sus hijos y les da una herramienta práctica para evaluar su desempeño. Además, los padres afirman que tienen las mismas cinco necesidades de sus hijos y que, si se centraran en ellas, sus relaciones se fortalecerían, serían mejores modelos de rol, además de que mejoraría de manera sustancial la sensación de seguridad de sus hijos y la estabilidad y bienestar familiares.

El concepto de las cinco necesidades vitales pide que los padres se centren en la salud emocional, no sólo de sus hijos, sino también sobre la suya propia. Deben cuidar de sí mismos a fin de ser buenos modelos de rol para sus hijos. Sobre todo, disfrútelos, diviértase con ellos y con la experiencia de ser padres. Cuando de alguna manera su conducta no sea la más "deseable"—si llega a perder el control, comete un error o hace algo que desearía no haber hecho— no se castigue demasiado. No espere ser perfecto. ¡Relájese! Es parte de lo que significa ser humano. Recuerde, tener padres felices y relajados es el mayor regalo que podemos dar a nuestros hijos.

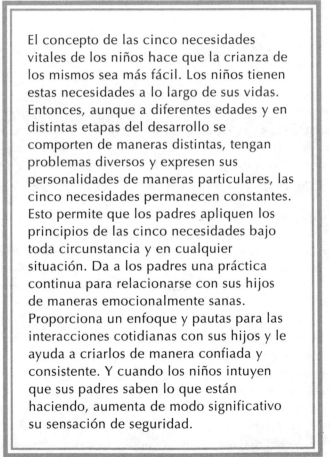

El concepto de las cinco necesidades
vitales de los niños hace que la crianza de
los mismos sea más fácil. Los niños tienen
estas necesidades a lo largo de sus vidas.
Entonces, aunque a diferentes edades y en
distintas etapas del desarrollo se
comporten de maneras distintas, tengan
problemas diversos y expresen sus
personalidades de maneras particulares, las
cinco necesidades permanecen constantes.
Esto permite que los padres apliquen los
principios de las cinco necesidades bajo
toda circunstancia y en cualquier
situación. Da a los padres una práctica
continua para relacionarse con sus hijos
de maneras emocionalmente sanas.
Proporciona un enfoque y pautas para las
interacciones cotidianas con sus hijos y le
ayuda a criarlos de manera confiada y
consistente. Y cuando los niños intuyen
que sus padres saben lo que están
haciendo, aumenta de modo significativo
su sensación de seguridad.

Situaciones familiares

(Una mirada más detallada a las conductas que ayudan y a las conductas que dañan)

Situaciones familiares

Al interactuar con niños, el cómo se hacen las cosas es tan importante como el **qué** se hace. Incluso la manera en que cambiamos el pañal a un bebé le comunica mucho al niño acerca de nuestro nivel de interés y participación. Ofrecer mayores responsabilidades a los niños quizá les haga sentir importantes, pero controlar el proceso de manera detallada sin darles autonomía al actuar les transmitirá una sensación de poca importancia y limitar sus posibilidades de aprendizaje. Si no existe un claro enfoque para la crianza infantil, es probable que las conductas de los padres sean poco consistentes. A menudo, las acciones y reacciones entre padres e hijos en diferentes situaciones familiares se basan más en emociones que en racionalidad.

El capítulo 1 presentó varios ejemplos de la manera en que la conducta inconsistente y reactiva interfiere con la satisfacción de las necesidades emocionales de niños y padres. En el presente capítulo, haremos un análisis más detallado de la manera en que esto funciona en la vida cotidiana. A continuación se describen situaciones reales reunidas a partir de conversaciones, entrevistas, seminarios y experiencias personales. En cada caso, hay una discusión de lo que sucedió, de cómo se pudo haber manejado de manera más eficaz y de su relación con las cinco necesidades vitales de los niños.

SITUACIÓN 1: RESPETO, ACEPTACIÓN
(¿Comprar o no comprar?)

Mientras se encontraba de compras con su padre en una librería, una alumna de primer año de educación media superior descubrió un enorme y costoso libro de las obras de Shakespeare y preguntó, "¿Papá, me podrías comprar este libro?".

Su padre, a todas luces molesto, le contestó, "¿Estás bromeando? ¡Eso es justo lo que necesitas, un libro enorme y caro! Con todo el tiempo que pasas viendo televisión lo más probable es que nunca lo abrirías".

La niña, herida, respondió dócilmente, "Pero me está yendo bien en la escuela".

Conductas que dañan

Rechazar la petición de la chica en términos despectivos implica que hay algo mal en expresar ese deseo. La joven está mostrando interés por algo deseable desde el punto de vista educativo. Incluso si sólo se trata de un impulso o de un capricho, rechazarlo de manera irreflexiva rompe la comunicación. La reacción del padre es hiriente y proporciona poco o ningún aprendizaje para su hija.

Conductas que ayudan

Considere a continuación algunas respuestas alternativas respetuosas y constructivas:

"Se ve como un libro maravilloso y Shakespeare es un escritor increíble, pero está muy caro. ¿Por qué no sacamos una o dos de sus obras de la biblioteca y después que las hayas leído compramos algo para que empieces tu propia colección? ¿Qué te parece eso?"

"¿Qué te parece si mejor sacamos alguna de sus obras y una biografía de la biblioteca? Los dos podemos leerlas y discutirlas, y después vemos. Pregunta a tu maestra qué obra te recomendaría que leyeras primero."

Comentarios

- ◆ Cada interacción representa una oportunidad para vincularnos o desconectarnos de nuestros hijos.

- ◆ Aquí se perdió una oportunidad para establecer un vínculo con la joven en cuanto a educación, dinero y toma de decisiones.

- ◆ En ocasiones tratamos los deseos expresados de los niños como si fueran conductas negativas.

- ◆ Acepte el derecho del niño a tener deseos poco realistas, incluso si no los va a satisfacer.

- ◆ Al rechazar su petición, hágalo de manera constructiva y respetuosa.

- ◆ El negativismo y el sarcasmo comunican el mensaje incorrecto.

SITUACIÓN 2: ACEPTACIÓN, RESPETO
(Los gustos de una amante de la música)

Una chica adolescente describe un conflicto con su padre como sigue:

"Durante la década de 1960-1969, cuando estaba creciendo, mis padres detestaban la música que a mí me gustaba. Constantemente me decían que bajara el volumen o que la apagara. Mi papá incluso impuso una regla: por cada hora de rock que escuchara, tenía que oír una hora de música clásica. Hizo que no me gustara la música clásica."

Conductas que dañan

El odio de sus padres hacia la música que le gustaba y sus objeciones a que la escuchara crearon una relación antagónica. Haberla obligado a escuchar música clásica no despertó su interés en la misma, sino todo lo contrario.

Conductas que ayudan

A fin de conservar una relación positiva, quizá hubiera sido mejor que su padre expresara lo que sentía acerca de su música, pero de una manera respetuosa; su actitud intolerante no sirvió de nada. En cuanto a la música clásica, hubiera sido más deseable y eficaz que su padre le mostrara su propio interés y pasión, dejarle ver a su hija el entusiasmo y sentimientos positivos que evocaba en él. Con algo de suerte, el interés y curiosidad de ella se hubieran desarrollado.

Quizá habría tenido un mucho mejor efecto si su padre la hubiese invitado a escuchar algunas grabaciones con él o asistir a un concierto juntos; tal vez sugiriendo un intercambio; que él asistiera a uno de sus conciertos y ella correspondiera.

Tomando como base investigaciones o lecturas personales, también hubiera podido iniciar una plática con su hija acerca de la relación entre la música clásica y el rock, lo cual habría sido ilustrativo para ambos.

Comentarios

◆ Aquí existió la oportunidad de que el padre estableciera un vínculo con su hija en cuanto a la música.

◆ La conexión se imposibilita si una de las partes es inflexible, intolerante o irrespetuosa en cuanto a los gustos de la otra.

◆ Mantener la mente abierta conducirá a un aprendizaje mutuo o al menos a la tolerancia mutua.

◆ Aceptar el derecho de su hija a tener sus propios gustos musicales aumenta las posibilidades de que su padre logre influirla y expanda sus horizontes.

◆ Por lo general, seleccionar maneras creativas para estimular el interés del otro es más productivo que obligarlo.

SITUACIÓN 3: INCLUSIÓN, RESPETO, SEGURIDAD
(Hermetismo parental)

Un niño de 12 años de edad describe sus sentimientos de rechazo:

"Una noche oí que mi mamá y papá discutían a gritos en la otra habitación. A la mañana siguiente, cuando pregunté a mi mamá la razón por la que habían estado peleando, me contestó, 'Lo que sucede entre tu padre y yo no te concierne en absoluto'. Me sentí terrible".

Conductas que dañan

La rudeza de la madre al proteger su privacidad es tanto innecesaria como dañina. La curiosidad del niño se ve aplastada sin que su madre aprenda nada acerca de sus inquietudes. Es posible que la reacción de la madre haya sido un enojo desplazado remanente después de la pelea con su marido o quizá ocasionado por culpa o temor a que su hijo se enterara de algún problema marital delicado.

Conductas que ayudan

Quizá la madre debió haber sugerido de manera cortés que no era nada de lo que su hijo tuviera que preocuparse o que era algo que en ese momento le incomodaba discutir. Tal vez lo mejor habría sido preguntarle por qué le interesaba y después responder de manera educada y tranquilizadora. Otra opción hubiera sido compartir parte de la discusión de la noche anterior de manera limitada o general.

Comentarios

◆ Como padres, es factible obtener beneficios al examinar los temores, ansiedades y tabúes propios que tienden a limitar la efectividad que logremos manifestar con nuestros hijos. Esta revisión será de ayuda para expandir las áreas en las que incluimos a nuestros hijos y a manejar de manera más eficaz nuestras áreas de privacidad.

◆ Los padres tienen derecho a guardar su intimidad, pero cuando se expresa con desdén produce efectos negativos.

◆ Los padres deben aceptar el derecho de los niños a sentir curiosidad o preocupación acerca de lo que está sucediendo con sus padres.

◆ Compartir más con nuestros hijos, incluyendo preocupaciones y problemas, reduce las ansiedades del niño y realza los sentimientos de pertenencia y de seguridad.

◆ Escuchar y compartir con nuestros hijos aumenta las probabilidades de que hagan lo mismo con nosotros.

SITUACIÓN 4: RESPETO, IMPORTANCIA
(Mi cuarto, mi castillo)

Un joven adulto describe una de las maneras en que sus padres lo hicieron sentir importante cuando estaba creciendo:

"Mi mamá y mi papá me dijeron que mi cuarto era sólo mío y así lo trataban. Me pedían permiso para entrar y nunca buscaban entre mis cosas sin preguntarme primero. Yo estaba a cargo de cómo decorarlo; mi habitación fue cambiando a medida que yo lo hacía. Sentía que en verdad era mi mundo y, como lo respetaban, también yo me sentía respetado."

Conductas que dañan

La situación descrita no suele ser la norma, en muchos casos los padres pasan los años de preadolescencia y adolescencia de sus hijos fastidiándolos para que conserven limpios sus cuartos—por lo general sin gran éxito—. Es típico que los padres no especifiquen ni sus expectativas ni las consecuencias de incumplirlas, incluso cuando sí las han precisado, suele suceder que los estándares cambian de una semana a otra o de un momento a otro, lo cual da como resultado que se vayan deteriorando hasta convertirse en amenazas vanas. Cuando falta dar un seguimiento consistente, la situación queda en el aire: los hijos se sienten molestos por el constante acoso y los padres quedan frustrados por su falta de obediencia.

Conductas que ayudan

En el ejemplo descrito, parece que los padres reconocieron el valor de respetar la privacidad de su hijo y de darle la responsabilidad de tomar decisiones acerca de su ambiente vital. Mostraron confianza en su capacidad para manejar dicha tarea y no hay duda de que se percataron que él se beneficiaría. Queda claro que esto contribuyó a que el joven desarrollara sus sentimientos de respeto e importancia propios.

Comentarios

◆ Dar a los niños grados cada vez más elevados de responsabilidad hasta el punto en el que los hechos demuestren que es demasiado para que logren manejarla, ayudará a que lleguen a ser más responsables.

◆ Demasiado control externo limita las oportunidades para que el niño desarrolle un autocontrol.

◆ Delegar el control es algo difícil para la mayoría de los padres, pues implica aprender a vivir con ansiedad y manejarla.

◆ Los padres deben evaluar los riesgos e introducir medidas preventivas adecuadas. Esto incluye inspeccionar el cuarto de su hijo cuando sea necesario.

◆ Es importante que los padres realicen un esfuerzo consciente por proporcionar a sus hijos las oportunidades para desarrollar una confianza en sí mismos.

SITUACIÓN 5: RESPETO, SEGURIDAD
(La abuela y el abuelo saben qué es lo mejor, ¿o no?)

Un sábado por la mañana, Elena y su hijo de ocho años de edad, Rogelio, estaban visitando a Marcela y a Jorge, los suegros de Elena. Rogelio se encuentra sentado en el piso, hojeando una revista, cuando de repente Marcela le grita a su nieto en un tono impaciente y enojado: "¡Rogelio, deja esa revista y recoge tus juguetes en este preciso momento!". Rogelio no dice nada y sigue viendo la revista.

La abuela se levanta, camina hasta Rogelio, le arranca la revista de las manos, lo jala por el cuello de la camisa hasta los juguetes y dice: "¡Ahora guarda esto ahorita mismo! ¡Cuando yo te diga que hagas algo, quiero que lo hagas de inmediato!".

Entonces voltea hacia su nuera, Elena, y le reclama, "¿Por qué no le dices nada? ¿Qué nunca le vas a enseñar algo de disciplina a este niño? ¿Cómo puedes permitirle que sea tan irrespetuoso?".

Elena le contesta, "Mamá, creo que no debiste haberle gritado así. ¿Por qué no mejor le pediste de buena manera que guardara sus juguetes?".

"Espera y verás, en unos cuantos años va a ser un adolescente. Trata de disciplinarlo cuando haya crecido y probablemente te dará una golpiza", grita la abuela con gran enojo desde el otro extremo de la sala.

Según Elena, por lo general, Rogelio es un niño con un buen comportamiento.

Conductas que dañan

¿Cuál fue el objetivo de la abuela en esta situación? ¿Enseñar a Rogelio buenos hábitos, disciplina o respeto por sus mayores? Esperar una obediencia instantánea y automática por parte de Rogelio a su demanda autoritaria fue irreal e ineficaz. Gritar y utilizar la fuerza física para imponer su voluntad pareció exagerado y contraproducente. La hostilidad de Marcela y Jorge hacia su nuera enfrente de su hijo envenena el ambiente y crea una relación antagónica. Las únicas opciones posibles son que Rogelio se hubiera visto afectado de manera negativa por las acciones de su abuela: bien sintiéndose culpable por haber causado la situación o enojado hacia sus abuelos por la forma en que los trataron a él y a su mamá.

Conductas que ayudan

Si la meta era que los juguetes se guardaran y que Rogelio aprendiera a tomar su responsabilidad en cuanto a ellos sin que fuera necesario pedírsele que lo hiciera, a continuación se presentan algunas sugerencias.

"Rogelio, ¿podrías hacerme el favor de dejar tu revista un momento para guardar tus juguetes? Me preocupa que alguien se tropiece con ellos."

"Rogelio, en verdad me harías un gran favor si guardaras tus cosas cuando termines de jugar con ellas. Así, yo no lo tendría que hacer. De verdad te lo agradecería."

Comentarios

- ◆ A fin de instigar conductas corteses y respetuosas en los niños, se les debe tratar con respeto.

- ◆ Los niños quieren complacer a sus padres. Un enfoque consistente, respetuoso y positivo reforzará tal deseo.

- ◆ Cuando los miembros adultos de la familia riñen frente a los niños y se faltan al respeto entre sí, se ve amenazada la sensación de seguridad del menor.

SITUACIÓN 6: SEGURIDAD, INCLUSIÓN, ACEPTACIÓN
(Divorcio de los padres)

Un muchacho de 16 años de edad describe sus sentimientos acerca del divorcio de sus padres como sigue:

"A medida que la relación entre mi papá y mi mamá se deterioraba hasta el punto de finalizar con su matrimonio de 17 años, me sentí por completo rechazado. Cuando mi papá se fue de la casa, me vine abajo. Fue en ese tiempo que empecé a experimentar con drogas. Sentía una cantidad increíble de enojo y de dolor porque no podíamos mantenernos unidos como otras familias; porque mi papá iba a reiniciar su vida e iba a dejar la nuestra hecha pedazos."

Conductas que dañan

A menudo los padres no se dan cuenta de que sus hijos pueden sentirse personalmente rechazados e incluso responsables de alguna manera cuando se suscita un divorcio; tal vez subestimen los efectos negativos del divorcio sobre sus hijos. Las expresiones de enojo que los padres expresan uno al otro se suman al trauma del niño; con frecuencia se evita considerar los asuntos con los niños debido a los sentimientos de temor, culpa, incompetencia y confusión.

Conductas que ayudan

De manera ideal, ambos padres deberían diseñar e implementar un plan conjunto que incluya algunas de las siguientes sugerencias:

1. Discusiones conjuntas e individuales con los niños para reafirmarles el amor que se les tiene y el hecho de que no tienen responsabilidad en lo relacionado con el divorcio.

2. A fin de reducir el temor a lo desconocido, provea a sus hijos de algunos detalles acerca de las cosas que van a cambiar y la forma en que esto les afectará.

3. Intenten no abrumar a los niños con demasiada información de una sola vez. Una reunión familiar con un orientador podría ser de gran utilidad.

Comentarios

◆ Los efectos negativos que el divorcio tiene sobre la sensación de seguridad del niño a menudo son duraderos y poderosos.

◆ Es factible que los padres reduzcan los efectos negativos del divorcio sobre sus hijos al incluirlos en discusiones antes, durante y después del proceso; también lo conseguirán si dejan de lado sus animosidades en función del bienestar de los niños.

◆ Los padres no deberían sorprenderse ante el enojo de sus hijos o su resistencia a participar en las conversaciones sobre el tema. Acepten el enojo y hagan su mejor esfuerzo por seguir escuchándolos, comprendiéndolos y tranquilizándolos.

SITUACIÓN 7: ACEPTACIÓN, INCLUSIÓN, IMPORTANCIA
(Cambio del pañal del bebé)

Ana colocó a su bebé, Sara, de cuatro meses de edad, sobre la mesa y de manera brusca comenzó a cambiarle el pañal, con gran resistencia y llanto de parte de la bebé. A cada momento Ana estaba más nerviosa e impaciente con su hija; en un tono de frustración, le decía cosas como, "¡Quédate quieta! Voy a cambiarte el pañal te guste o no". La niña se alteraba cada vez más a medida que crecía la frustración de la madre.

El abuelo de la niña observó la interacción pero no dijo nada hasta que regresó a casa y le habló por teléfono a su hija. Con delicadeza, le sugirió que tal vez había reaccionado con demasiada impaciencia y brusquedad, y que hablarle de manera tranquila a la bebita en lugar de limitarse a jalonearla quizá habría sido de ayuda.

Al día siguiente, la joven madre le habló a su padre para decirle que su recomendación "le había funcionado a las mil maravillas". Le contó que cuando Sara había necesitado un cambio de pañal, primero había jugado con ella, luego le había mostrado dos pañales, alentando a la chiquita a elegir entre ellos de manera juguetona y que después había procedido a hacer el cambio de pañal sin llanto ni problema alguno.

Conductas que dañan

Quizá el llanto de la bebé ocurrió en respuesta al drástico cambio entre estar jugando y realizar el cambio de pañales; esto podría ser en particular cierto si lo que impulsó el cambio de pañales fue un mal olor y no el llanto de Sara. El nerviosismo y tono de voz de la madre exacerbaron la incomodidad ya percibida por la bebita tras la evacuación, con lo que se disparó la reacción de la niña. Al ser su primera hija, sin duda la inexperiencia de la madre también fue un factor.

Conductas que ayudan

Una bebita de cuatro meses de edad no tiene ni las palabras ni el vocabulario para expresar sus deseos y frustraciones. Depende de sus expresiones faciales, movimientos corporales y sonidos para comunicar su estado de ánimo. Los padres deben convertirse en estudiantes pacientes y cuidadosos a fin de comprender y observar lo que el bebé quiere. Una actitud paciente y juguetona por parte de los padres es invaluable y tiene un efecto tranquilizador y positivo sobre el infante.

Comentarios

◆ Los bebés no son objetos; tienen sentimientos acerca de la manera en que los tratamos.

◆ Aunque los bebés no pueden hablar, sí se comunican. Es preciso que los padres estén al tanto y sean sensibles a lo que están tratando de decir sus pequeños hijos.

◆ La meta no debería limitarse a cumplir con una tarea, también es importante tener una interacción positiva y divertida con el niño.

◆ Los padres no siempre tienen la fortuna de contar con alguien que observe la manera en que cuidan de sus hijos y después les proporcione retroalimentación positiva. Es importante que los padres se conviertan en observadores de su propia conducta y busquen retroalimentación de otras personas.

◆ Dar a elegir a los niños contribuirá a consolidar sus sensaciones de importancia y seguridad, incluso a las edades más tiernas y aun cuando no comprendan del todo las alternativas. De esta manera, los padres empiezan a practicar el arte de la inclusión desde muy temprano.

SITUACIÓN 8: ACEPTACIÓN, SEGURIDAD
(Dejar que el ave vuele o no)

Una mujer felizmente casada describe una difícil elección que hicieron sus padres y ella cuando tenía 17 años de edad:

"Después de varias discusiones acaloradas, mis padres me dieron a elegir entre quedarme en casa o mudarme a vivir con mi novio, quien era mayor que yo. Mis padres y yo habíamos pasado por conflictos constantes debido a mi decisión de quedarme a dormir en su departamento varias veces por semana y romper otras reglas. Me dejaron muy claro que ellos preferirían tenerme en casa bajo las condiciones ya expuestas, además de cuán difícil les sería si decidía irme. Me especificaron que estaban cansados del constante conflicto y que, si decidía permanecer en casa, debería cumplir las reglas. Una vez que tomé mi decisión, me dejaron ir sin recriminaciones."

Conductas que dañan

Insistir en que su hija se quedara en casa bajo las condiciones planteadas por los padres no estaba funcionando. Si ellos hubieran insistido, lo más probable es que la situación hubiera desembocado en un deterioro adicional en la relación, quizá ella hubiera huido de casa y provocado una ruptura definitiva.

Conductas que ayudan

Los padres dejaron de lado sus temores y emociones y permitieron que su hija eligiera; controlaron su propia ansiedad. El que ella pasara la noche en el departamento de su novio estaba ocasionando mayor tensión, conflictos e infelicidad en casa. Los padres decidieron que el estado de las cosas no era sano para la familia en su conjunto, la cual incluía a otros dos hijos. También se aseguraron de que la puerta permaneciera abierta para su hija si la situación no funcionaba.

Comentarios

◆ En ocasiones es preciso sacar el mejor provecho posible a una mala situación y elegir entre dos opciones, aunque ninguna de las dos parezca deseable.

◆ A veces la mejor decisión consiste en dar a nuestros hijos la responsabilidad de sus propias vidas, en particular cuando parece que no conseguimos que hagan lo que nos parece correcto.

◆ Con frecuencia, los riesgos involucrados en la elección de los hijos no son tan funestos como los padres imaginan y es factible revertirlos si las cosas no funcionan.

◆ Aceptar una decisión con la que un padre no está de acuerdo quizá le permita conservar cierta influencia a largo plazo.

◆ Incluir a nuestros hijos en la toma de decisiones realza su
sensación de importancia.

SITUACIÓN 9: ACEPTACIÓN, RESPETO, SEGURIDAD
(Tocar el piano a la fuerza)

A continuación se describe la manera en que un padre hizo sentir
menos a su hijo de nueve años de edad:

"Recuerdo cuando mi padre me hizo sentir como basura porque
no quise tocar el piano frente a varios invitados durante una cena de
Acción de Gracias en casa. No me pidió que tocara, me lo ordenó.
Cuando le dije que no tenía ganas de hacerlo me dijo, '¿Y eso qué
tiene que ver? ¿Crees que yo tengo el lujo de hacer sólo lo que me da
la gana?'. Iniciamos una pelea y él me llamó perezoso y terco, lo cual
me avergonzó frente a la familia."

Conductas que dañan

En este caso, el padre no acepta a su hijo como individuo con
sus propios sentimientos y necesidades. Parece considerar que la
actuación de su hijo es el pago por el dinero gastado en sus
lecciones—una actitud de "después de todo lo que he hecho por
ti"—. A menudo, los padres ceden al impulso común de presumir lo
que sus hijos son capaces de hacer. La resistencia del niño se
convierte en un reto a la autoridad paterna y evoca su enojo y
conducta irrespetuosa hacia el menor.

Conductas que ayudan

Los padres necesitan pensar cómo se sentirían si alguien con
autoridad les ordenara que actuaran; deben reconocer que sus hijos
no son máquinas que pueden prender y apagar a su antojo.
Animarlos de manera cortés, brindando siempre una posible salida
es más apropiado y eficaz: "Carlos, si quieres, me fascinaría que
tocaras algo" o "¿Te gustaría tocarnos algo? Estoy seguro que a
todos les gustaría oírte".

Comentarios

- La seguridad del niño se ve amenazada si la expectativa es que actúe bajo cualquier circunstancia, por decreto y sin su consentimiento.

- Existen muchas situaciones como esa en que quizá los adultos logren obligar a los niños a hacer algo, pero la cantidad de resentimiento y otras consecuencias imprevistas son muy costosas.

- Los padres deben controlar sus egos y aceptar el derecho del niño a decir "no" en áreas donde es imprescindible que exista un consenso.

- Los niños también son personas y no es posible esperar que siempre, por decreto, hagan lo que sus padres quieren.

- Vale la pena dirigirse a los niños con cortesía y respeto, dar menos órdenes y hacer más peticiones.

SITUACIÓN 10: SEGURIDAD, INCLUSIÓN, IMPORTANCIA (Peleas entre hermanos/desesperación de los padres)

María cree que sus hijos parecen estar discutiendo y peleando mucho entre sí, lo cual la está sacando de sus casillas. Pocas veces es consistente y su método general es gritarles que dejen de pelear, a lo cual siguen amenazas de castigo que no siempre cumple. En ocasiones ella y su marido pasan una cantidad excesiva de tiempo intentando dilucidar quién empezó la pelea; de vez en cuando alguno de los chicos recibe una nalgada. Nada parece funcionar. También ha ocurrido que María y su esposo discuten entre sí frente a los niños acerca de cómo manejar la pelea en curso.

Conductas que dañan

Dado que estas situaciones se presentan de manera inesperada, por lo general los padres reaccionan de manera impulsiva y en respuesta a su frustración. No cuentan con estrategia alguna para lidiar con ellas (p. ej., qué ignorar, qué tomar en cuenta, cómo responder de manera más consistente o el modo de evitar las peleas desde un inicio). Los acosos, amenazas y regaños llegan a ser repetitivos y conducen a mayor frustración, el resultado es que todo el mundo se siente más inseguro.

Conductas que ayudan

Es preciso que los padres reconozcan que su manera de responder ante el problema no funciona, así como la necesidad de hacer algo de otro modo. Resulta imprescindible que logren distinguir entre prevención y corrección, encontrar nuevas formas de lidiar con cada situación y llegar a un acuerdo en cuanto a los métodos que ambos aplicarán de manera consistente.

Así, por ejemplo, para enfatizar la prevención:

1. Aclaren expectativas y consecuencias a los niños (p. ej., las diferencias y los conflictos son admisibles, pero los golpes son inaceptables).

2. Tengan reuniones familiares periódicas en que consideren temas como las razones por las que la violencia es inaceptable y formas alternativas de manejar la frustración.

3. Celebren sesiones familiares regulares de retroalimentación, en las cuales se permita tanto a padres como a hijos una forma verbal de canalizar sus frustraciones (véase capítulo 4, Estrategia #3).

Comentarios

◆ Al no tener una filosofía o estrategia bien pensada de antemano, es frecuente que los padres reaccionen de manera exagerada y respondan de manera inconsistente en un ambiente de crisis pequeña.

◆ Enfaticen la necesidad de prevención más que de corrección.

◆ Incluyan a los niños en las discusiones acerca de los valores familiares relacionados con las conductas agresivas. Esto debe iniciar de manera temprana y repetirse a menudo.

◆ Incluyan a los niños al establecer claras expectativas conductuales y las consecuencias de su falta de cumplimiento.

◆ Las expectativas y consecuencias se deben observar e implementar con firmeza, pero sin enojo.

◆ Cuando padres amorosos observan expectativas y consecuencias razonables de manera consistente, los niños se sienten más seguros.

◆ Proporcionar formas no agresivas para que los miembros canalicen sus sentimientos y frustraciones contribuye a la prevención.

◆ Debe elogiarse a los niños cuando resuelvan las cosas sin pelearse.

SITUACIÓN 11: ACEPTACIÓN, SEGURIDAD
(Sexo y preadolescencia)

Un sábado por la mañana la mamá de Carmen dejó a su hija de seis años de edad en casa de unos vecinos para que pasara el día con su compañerita de clases. Ya entrada la tarde recogió a Carmen y, de regreso a casa, le preguntó si se había divertido. La niña mencionó que uno de los puntos culminantes del día había sido ver una maravillosa película en la televisión; cuando le dijo a su madre el título, ésta se sorprendió, pues sabía que contenía lenguaje y escenas sexuales explícitas. Quedó atónita de nuevo cuando Carmen, al contar la historia de la película, dijo "después creo que la 'sexó' en el asiento trasero del coche"; la sorprendida mamá exclamó "¡Ah!" y cambió de inmediato el tema de conversación. Por un momento entró en pánico. Más tarde, al reflexionar acerca de ello, se prometió vigilar con mayor cuidado lo que la pequeña Carmen viera en televisión y las personas a quienes visitara en el futuro.

Conductas que dañan

Es frecuente que los temores de los padres provoquen reacciones exageradas a las cosas que les suceden a los niños. En este caso, la madre se sintió alterada, pero no actuó con base en sus sentimientos. Algunos padres quizá habrían reaccionado de manera extrema, regañando a la niña por ver ese tipo de película o por hablar sobre sexo de la manera en que lo hizo, con lo cual le darían a entender que había hecho algo malo.

Conductas que ayudan

Cuando uno se sorprende por las acciones de un niño y no está seguro de qué hacer, lo mejor es no decir nada, justo lo que la madre hizo en este caso; el adulto tiene la opción de dejar pasar las cosas y esperar a que surja de nuevo el tema del sexo o hasta que el niño demuestre curiosidad o empiece a formular preguntas. Por otra parte, al percatarse de que la afirmación de Carmen fue ambigua, el padre quizá desee iniciar una exploración del punto en el que la niña se encuentra (de manera discreta), algo como "¿A qué te refieres cuando dices que la 'sexó' en el asiento trasero del coche?" tal vez abra la oportunidad de averiguar lo que la niña sabe, lo que siente acerca de lo que sabe y de fomentar actitudes saludables acerca del sexo. Más que peligro, se trata de una ocasión para vincularse con la niña en cuanto al sexo.

Comentarios

- ◆ A fin de resguardar la sensación de seguridad del niño y la propia, es importante que los padres cuenten con una estrategia para manejar con confianza temas sensibles o tabú, como los relacionados con el sexo a un nivel adecuado según la madurez del niño.

- ◆ Si se acepta la idea de discutir el sexo con los niños siempre que ellos toquen el tema o cuando sus padres sientan que es oportuno, entonces los adultos deben estar bien informados y preparados.

- ◆ Leer acerca del tema permitirá a los padres aprovechar las oportunidades para establecer un vínculo con sus hijos de manera confiada siempre que se presente la ocasión.

SITUACIÓN 12: INCLUSIÓN
(¡Fallas de comunicación!)

Los padres a menudo se quejan con sus amigos acerca de lo difícil que es lograr que sus hijos de 9 a 12 años de edad se comuniquen con ellos. Una madre da la siguiente interacción como ejemplo típico de cuando uno de sus hijos regresa de la escuela: ella pregunta, "¿Cómo te fue en la escuela el día de hoy?".

Niño: "Bien".
Madre: "¿Qué hiciste?".
Niño: "Nada".
Madre: "¿Te divertiste?".
Niño: "No".
Madre: "¿Y eso?".
Niño: "Aburrido".

Conductas que dañan

El momento no es el adecuado: el niño quiere cambiarse de ropa y salir a jugar. El contexto no favorece un intercambio genuino. La interacción se lleva a cabo en un formato de entrevista, no como intercambio. A menudo el niño siente que lo están interrogando, con frecuencia, las preguntas son vanas y se plantean con poco entusiasmo mientras el padre está ocupado haciendo alguna otra cosa. La situación parece más un ritual mecánico similar al que en ocasiones se observa entre los cónyuges de matrimonios desgastados.

Conductas que ayudan

Es necesario que los padres eviten sostener conversaciones forzadas cuando estén de prisa o la mente del niño se encuentre en otro lado; seleccionar un momento favorable para conversar aumentará las probabilidades de obtener el resultado deseado. También será de utilidad iniciar conversaciones donde ya existen puntos de interés (p. ej., alguna película de la que hablen los niños, algo que está sucediendo dentro de la familia o en la vida propia de los padres, un tema de actualidad que aparezca en las noticias).

Comentarios

◆ Los padres deben identificar y evitar conversaciones repetitivas, mecánicas y ritualistas, así como hablar de cosas que en verdad sean de interés.

◆ Fijen momentos regulares para sostener conversaciones (p. ej, comidas, después de la cena).

◆ Hablen de cosas en su vida cotidiana que puedan ser de interés para los niños o historias actuales en el periódico o películas que se relacionen con sucesos de su propia vida a fin de estimular la conversación.

SITUACIÓN 13: ACEPTACIÓN, SEGURIDAD
(Más vale tarde que nunca—¿o no?)

Un muchacho adolescente se encontraba en una fiesta con sus amigos un sábado por la noche. Su madre le pidió que estuviera en casa a más tardar a la media noche, pero él regresó hasta una hora después. Al llegar empezó a disculparse, pero ella lo interrumpió gritándole que había estado "muerta de preocupación", que era inexcusable no haber llamado para avisar del retraso y que sería castigado. Él protestó airado y dijo que había intentado llamar, pero que la línea estaba ocupada. Ella lo acusó de mentir. Él contestó a gritos, "¡Deja de tratarme como bebé!" y furioso se fue a su habitación.

Conductas que dañan

El enojo de la madre de inmediato puso al muchacho a la defensiva y pronto se suscitó un conflicto donde cada uno se puso a la altura de la energía negativa del otro. Ella sintió que él se estaba portando de manera desconsiderada e insensible a sus preocupaciones; él sintió que ella actuaba de manera hipócrita—si estaba "muerta de preocupación" por qué no se sentía feliz o aliviada de verlo bien—. Ninguno de los dos logró ver la situación desde la perspectiva del otro. Sus emociones y su necesidad de tener la razón evitaron que adoptaran un enfoque de solución de problemas; en lugar de ello la situación escaló a una lucha de poder.

Conductas que ayudan

Cualquiera de los dos estaba en condiciones de romper el círculo de respuestas negativas y la situación se habría manejado de manera pacífica y buscando un punto de acuerdo. En un escenario ideal, la madre quizá habría expresado su alivio de ver a su hijo bien y la preocupación que le causó no recibir una llamada; también pudo concederle el beneficio de la duda en cuanto a la llamada telefónica y haberlo abrazado y mandado a la cama. Al día siguiente tendrían la oportunidad de hablar más a fondo sobre la manera de evitar que esa situación ocurriera de nuevo. Asimismo, el hijo bien habría podido ignorar el enojo inicial de su madre y esperar a que se calmara para disculparse y considerar lo sucedido.

Comentarios

◆ La necesidad de ejercer control por parte de la madre, así como su ansiedad, entraron en conflicto con la necesidad de independencia del adolescente. Ninguno de los dos logró pensar en términos de, "¿Qué puedo hacer para satisfacer la necesidad de la otra persona y quizá así obtener lo que quiero?". Predominaron las emociones. El resultado es que nadie se beneficia: no hay paz espiritual ni control para la madre y tampoco independencia para el hijo.

◆ Ya que estas situaciones reaparecen de manera constante en diferentes formas y maneras, es imprescindible que los padres desarrollen una estrategia constructiva para evitar y resolver problemas —por ejemplo, para situaciones en especial sensibles y recurrentes, deben establecerse de antemano límites y consecuencias aceptados por ambas partes.

◆ Tales interacciones deben manejarse con respeto mutuo, buscando remedios más que intentado asignar culpas o ganar la pelea.

EN RESUMEN

En la mayoría de las situaciones descritas hay interacciones gobernadas más por las emociones que por la razón. Las diferencias crecen, dejando tanto a padres como a hijos sintiéndose estresados e insatisfechos, a menudo el énfasis se centra en quién tiene la razón y en obligar a la otra persona a reconocerlo, en lugar de intentar comprender y satisfacer las necesidades mutuas.

Durante el curso del año la mayoría de estas situaciones se repite en diversos grados y formas. Si enfrentamos cada una de ellas como si nunca las hubiéramos encarado antes, seguiremos actuando a ciegas. No obstante, si nos enfocamos a satisfacer las cinco necesidades vitales de los niños, actuaremos de manera más confiada, consistente y positiva, al margen de la naturaleza particular de cada situación.

Aprenderemos algo de cada una si utilizamos las cinco necesidades vitales como guía para plantear preguntas semejantes a:

- ¿Qué me hubiera gustado que sucediera en esta situación?

- ¿Qué aprendí acerca de mis propias necesidades, conductas, fortalezas, debilidades, pensamientos y actitudes?

- Teniendo en mente las cinco necesidades vitales, ¿qué pude haber hecho de manera diferente?

Al hacerlo de esta manera llegamos a ser mejores estudiantes de nuestra propia conducta y padres más conscientes y eficaces. Abordaremos las situaciones no como escaramuzas que deben ganarse, sino con la actitud de que **cada interacción con nuestros hijos es una oportunidad para enseñar y aprender, para conectarnos o desconectarnos,** y con la intención de crear conexiones ilimitadas.

Recuerdos de infancia

(Los recuerdos tienen un impacto)

*C*uando somos niños, somos muy impresionables. Nuestros padres tienen un gran impacto sobre nosotros. Durante la mayor parte de la infancia, nuestra supervivencia misma depende de ellos. Ellos son con quienes pasamos la mayoría del tiempo y con quienes estamos más involucrados tanto en lo íntimo como en lo emocional. Ya que se convierten en nuestros modelos de rol principales, para bien o para mal, tienen una importante influencia sobre nosotros, con frecuencia hasta bien entrada la adultez, lo que a menudo influye sobre la manera en que criamos a nuestros propios hijos.

Al momento de la muerte de alguno de sus padres, muchas personas expresan arrepentimiento de no haber llegado a conocerlos mejor. La vida es corta, así que empiecen ahora mismo. Los niños están ansiosos de saber lo que sus padres sienten y por qué hacen algunas de las cosas que hacen. Una mayor conciencia del efecto que las conductas de los padres tienen sobre sus hijos contribuirá a una crianza más consciente y de mejor calidad.

El capítulo 2 ofreció ejemplos de conductas parentales benéficas y no benéficas relacionadas con las cinco necesidades vitales de los niños. En este capítulo, diferentes "adultos" (desde adolescentes hasta adultos mayores) comparten recuerdos de primera mano acerca de las conductas de sus padres y de la forma en que impactó sobre ellos el sentirse o no **respetados, importantes, aceptados, incluidos** o **seguros** durante su infancia.

Las afirmaciones que siguen representan una muestra de respuestas a un cuestionario contestado por más de 200 individuos, la mayoría de ellos después de una conferencia o seminario acerca de relaciones padres-hijos presentada por el autor de esta obra.

La tarea que se planteaba en el cuestionario era la siguiente:

"Al pensar acerca de su relación con sus padres, indique en el cuestionario adjunto ejemplos de comunicaciones, conductas, acciones o actitudes de sus padres que quizá hayan afectado—de manera positiva o negativa—que usted se sintiera **respetado, importante, aceptado, incluido** o **seguro** mientras crecía."

Respuestas seleccionadas

RESPETO

No sentirse respetado

1. Cuando experimentaba con mi ropa, mis papás se burlaban de mí.

2. Constantemente se me interrumpía antes de que pudiera terminar de expresar lo que pensaba.

3. Cuando mi mamá me llevaba de compras, terminaba gritándome en público porque no me gustaban las cosas que seleccionaba para mí. Eso me humillaba.

4. A veces me avergonzaban comentarios que se hacían acerca de mí en mi presencia, como si yo no estuviera allí.

5. Me presumían, querían que impresionara a los demás y nunca me preguntaban si estaba bien. Cuando me resistía, se alteraban y me decían que estaba actuando de manera obstinada.

6. De pequeño mi mamá me cambiaba los pantalones en la calle si los ensuciaba o derramaba algo encima. Eso me avergonzaba.

7. Cuando alguien me hacía alguna pregunta, mi mamá o mi papá de inmediato contestaban por mí. Me molestaba muchísimo.

Sentirse respetado

1. Mi mamá nunca abría mi correo; siempre respetó mi privacidad.

2. Cuando nos comportábamos mal, nuestros papás no gritaban ni nos insultaban.

3. Si yo me rehusaba a comer algo, no me obligaban a hacerlo en tanto primero lo probara.

4. A mi papá no le gustaba la manera en que se vestían algunos de mis amigos, pero nunca me impidió que los invitara a la casa.

5. Mi mamá se disculpaba si perdía los estribos conmigo y en ocasiones me explicaba lo que la había hecho enojar.

6. Cuando uno de mis tíos se burló de mi pelo largo y me dijo que parecía una niña, mi mamá le pidió que no lo hiciera.

7. Mis papás no me fastidiaban para que hiciera la tarea. Sólo me pedían que les dejara saber cuando la hubiera terminado.

IMPORTANCIA

No sentirse importante

1. Tengo la impresión de que con demasiada frecuencia me decían que no hiciera algo.

2. Mi papá era una persona poco feliz. A menudo me decía que yo nunca iba a llegar a nada. Se lo creí durante mucho tiempo.

3. Cuando mi hermana tuvo problemas emocionales, mis papás nunca lo discutieron conmigo. Como ella estaba enferma, recibía la mayor parte de la atención, así que a lo largo de mi infancia, sentí que ella era importante y yo no.

4. Nunca tomamos parte en las tomas de decisiones. Por ejemplo, cuando nos mudamos de Chicago a Tucson, mis papás no solicitaron nuestra opinión ni nos preguntaron cómo nos sentíamos acerca de cambiar de escuela.

5. Cuando mi mamá hablaba por teléfono ni mi hermana ni yo podíamos lograr que dejara la conversación para responder alguna pregunta o hablarnos; pasaba mucho tiempo al teléfono.

6. Cuando llegué en segundo lugar en una competencia de natación, mis papás no parecieron estar emocionados y me dijeron que para ganar tenía que trabajar más duro. Me hicieron sentir fracasada.

7. Cuando daba alguna opinión, mis papás me decían con desdén que me callara porque era demasiado joven como para comprender.

Sentirse importante

1. Hacían tiempo dentro de sus horarios difíciles para sentarse a escucharme.

2. En ocasiones compartían con nosotros lo que estaba ocurriendo en sus vidas.

3. Desde que era pequeño siempre trabajé en la oficina de mi padre los fines de semana y durante las vacaciones. Aunque empecé con tareas fáciles, siempre me sentí muy adulto porque se me permitía pasar tiempo con él en su mundo.

4. Como hermano mayor, mis padres me confiaban el cuidado de mi hermana a principios de mi adolescencia. También me permitieron que cuidara de otros niños pequeños y bebés a una edad temprana.

5. Después de mi primer semestre en la universidad, mis papás me dejaron preparar un presupuesto para cada semestre. Tenía mi propia cuenta bancaria y control total sobre todos mis gastos. Confiaban en que me ajustaría al presupuesto y que no los confrontaría con emergencias.

6. Mi papá trabajaba en casa haciendo gorras. Yo le leía artículos de una revista de aventuras mientras trabajaba; que lo disfrutara me hacía sentir mucho orgullo y placer.

7. Mis padres me dejaban escoger mi ropa, comida, amigos, etc. Cuando no me daban a elegir, me explicaban el porqué.

ACEPTACIÓN

No *sentirse aceptado*

1. Cuando yo disgustaba a mi mamá, me decía, "Eres imposible. ¿Por qué no puedes ser más como tu hermano?".

2. Cuando decidí que quería trabajar después de graduarme en lugar de ir a la universidad, me hicieron sentir como un fracasado.

3. Tengo 49 años de edad y mis padres siguen criticando mis decisiones.

4. Mis padres siempre querían saber todo lo que estaba haciendo y se alteraban si no les decía cada detalle.

5. Sentí que mis padres siempre se centraban en mis fallas (mi abuelo fue la excepción).

6. Nuestros padres nunca nos dejaron discutir. Nos hacían sentir que éramos malos en lugar de enseñarnos a discutir.

7. Siempre que le daba explicaciones a mi padre de por qué no me iba bien en la escuela, me decía que no quería oír excusas y se rehusaba a discutirlo conmigo.

Sentirse aceptado

1. Mis padres nunca se opusieron a que invitara a mis amigos, incluso cuando no se los avisaba de antemano. Siempre le daban la bienvenida a todo el mundo.

2. Cuando empecé a dejarme crecer el pelo, tuve muchos problemas en la escuela y con algunos familiares. Mi mamá me dijo que en realidad no importaba si yo tenía el pelo corto o largo, lo importante es lo que hay en el interior de la persona.

3. Siempre me ha fascinado la cebolla cruda. Sin importar dónde estuviéramos, mi mamá siempre se encargaba de que tuviera cebolla cruda para mis hamburguesas, salchichas, cereal o lo que fuera.

4. Nunca me trataron de convencer de que desistiera de mi carrera aun cuando no les entusiasmaba mucho.

5. Mi madre siempre me reconoció por mi capacidad y paciencia en el trato con mis abuelos ancianos.

6. Rara vez interfirieron con mi selección de amistades y actividades.

7. Mis padres no se molestaban cuando yo expresaba opiniones firmes acerca de cosas con las que no estaban de acuerdo, en lugar de ello, las discutían conmigo.

INCLUSIÓN

No sentirse incluido

1. Cuando mi hermana asistió a psicoterapia en un centro comunitario, mi mamá y mi papá fueron con ella, pero a mí me excluyeron.

2. Mi familia tenía fama de ocultar la verdad. Había muchos "esqueletos en el clóset" que a la larga todos conocían, pero de los cuales no se podía hablar.

3. En nuestra familia hacíamos pocas cosas juntos.

4. Nunca nadie me preguntó cómo me sentía acerca de las cosas importantes ni lo que sentía después de alguna gran pelea familiar. Nunca oí a mis padres discutir algo importante.

5. Cuando tenía 10 años de edad mi madre se casó de nuevo, pero nunca lo habló conmigo o con mis hermanos de antemano.

6. Nunca fui incluido cuando mis padres tenían visitas; siempre me mandaban a mi cuarto.

7. Me sentí excluida de la vida de mi padre. Me pregunto si él habría actuado de otra forma en caso de que yo no hubiera sido mujer.

Sentirse incluido

1. Siempre esperaba con gusto que llegaran las vacaciones, excursiones y reuniones familiares.

2. Con frecuencia había reuniones familiares donde se tomaban decisiones. Todos estábamos incluidos y siempre se me preguntó mi opinión.

3. Mi madre compartía algunos secretos conmigo. A veces me involucraba en la selección de algún regalo para mi padre e incluía mi nombre en la tarjeta.

4. Mi padre era un excelente narrador de historias y siempre nos complacía cuando le pedíamos que nos contara un cuento. Por lo general eran anécdotas de su infancia y compartía cómo se había sentido en diversas situaciones.

5. Todos los domingos por la mañana, mis padres leían el periódico en cama. Solíamos subirnos a la cama y mi papá nos leía las historietas cómicas, en especial la de "Lil' Abner". Siempre terminábamos con una "pelea de cosquillas".

6. Hacíamos todo (bueno, casi todo) en familia. Todas las noches, durante la semana laboral y antes de ir a dormir, jugábamos cartas. A menudo, mi padre jugaba a las damas conmigo y más adelante al ajedrez.

7. Juntos hacíamos trabajo de voluntariado en proyectos de la comunidad.

SEGURIDAD

No sentirse seguro

1. El divorcio de mis padres fue devastador, en especial porque nunca lo hablaron de manera adecuada con nosotros.

2. Las constantes críticas de mis padres eran perturbadoras.

3. Mi madre siempre parecía preocupada por el dinero. Aunque nunca discutimos los detalles, yo sentía que no podíamos comprar nada; siempre que pedía algo me sentía culpable.

4. Nuestros padres se peleaban mucho, con una gran cantidad de enojo; nunca los vimos hacer las paces. Eso nos marcó para siempre.

5. Mi mamá con frecuencia estaba fuera de casa. No sentíamos que estuviera mucho con nosotros.

6. Mi mamá siempre se catalogó como gorda y fea, de modo que pensé que yo también lo era porque la gente decía que me parecía a ella.

7. Siempre tuve miedo de hablarles a mis padres acerca de mis problemas porque se alteraban mucho y no recibía el apoyo que necesitaba.

Sentirse seguro

1. Sin importar cuán mal estuvieran sus finanzas, mis padres nunca se quejaban y parecían estar felices. Durante mi infancia siempre sentí compasión por los niños pobres a nuestro alrededor y no fue sino hasta que crecí por completo cuando comprendí que nosotros no teníamos más dinero que ellos.

2. Mi madre siempre me hizo sentir mejor cuando estaba enfermo o asustado. Aun cuando me metía en líos me sentía seguro porque sabía que le importaba.

3. Siempre había alguien en casa cuando me encontraba allí; si no estaban mis padres, había alguien de la familia. Crecí en un vecindario muy estable.

4. Todas las noches, cuando me iba a la cama, uno de mis padres me leía y ambos siempre empezaban y terminaban el día con abrazos cariñosos.

5. Mis padres se divorciaron cuando yo tenía siete años de edad. Nunca nos hicieron sentir menos por ello; jamás hablaron mal el uno del otro y siempre fueron cordiales en nuestra presencia. Nos explicaron lo que estaba sucediendo sin culpar a nadie y también se aseguraron de enfatizar que nada de lo que estaba pasando era culpa nuestra.

6. Mi madre y mi padre compartían mucho entre sí. Siempre los vi como amables, tiernos, amorosos, muy comprensivos y profundamente enamorados. Esto era muy tranquilizador.

7. Nuestros padres nunca nos gritaron o dieron nalgadas cuando hacíamos algo mal; se tomaban el tiempo para discutirlo con nosotros. En consecuencia, una mirada de desaprobación de parte de cualquiera de ambos nos hacía una fuerte impresión.

EN RESUMEN

Con frecuencia los padres no se dan cuenta del impacto que tiene sobre sus hijos lo que dicen o hacen. Años más tarde, los adultos recuerdan de manera vívida el efecto que tuvo sobre ellos algún aspecto de la conducta de sus padres. De hecho, es posible que estén haciendo algunas de las mismas cosas con sus propios hijos sin que logren percatarse de ello. Una manera de averiguarlo y empezar a hacer algo al respecto es que los padres utilicen las acciones positivas y negativas esbozadas en este capítulo, bajo cada una de las cinco necesidades vitales como lista de verificación. Al señalar cada afirmación que aplique a ellos, el resultado será una lista de conductas que querrían empezar o dejar de hacer, lo cual conformará un plan inicial para criar a sus hijos de manera más consciente y eficaz.

Como padres, es imprescindible que lleguemos a convertirnos en estudiantes más conscientes de nuestra propia conducta (véase capítulo 4, Estrategia #2) y que prestemos atención a la calidad de las interacciones con nuestros hijos en relación con la satisfacción de sus necesidades. También es preciso plantear preguntas a nuestros hijos para saber más acerca del impacto que estamos teniendo sobre ellos. A menudo, los temores y preocupaciones de los niños no se expresan o son malinterpretados.

Necesitamos compartir más de nosotros mismos con nuestros hijos para que aprendan a compartir más con nosotros, a fin de que deseen compartir más y no tengan temor de hacerlo.

Cómo convertirse en padres profesionales

(La crianza infantil es demasiado importante para dejarla al azar)

*A*l hacer entrevistas con padres para la elaboración de este libro, les preguntaba, "¿Está usted de acuerdo con las siguientes dos afirmaciones: '**Criar hijos es una de las responsabilidades más importantes que cualquiera de nosotros puede tener en la vida. Así también, es una de las responsabilidades más difíciles, estresantes, provocadoras de ansiedad y complejas que cualquiera pueda tener'?**". La respuesta a las dos siempre era "Sí". A continuación cuestionaba, "Con qué frecuencia usted y su pareja toman el tiempo para preguntarse, '**¿Qué tan buen trabajo estamos haciendo como padres y qué podríamos hacer de manera diferente o mejor?**'". De manera invariable, la respuesta era "Nunca".

Piensen en estas contestaciones . . . aquí hay una paradoja, ¿no es así? Por admisión propia, es probable que la crianza de nuestros hijos sea la responsabilidad más difícil e importante que cualquier persona pudiera tener a lo largo de la vida. Sin embargo, pocas veces los padres se toman el tiempo para deliberar acerca de cuán bien lo están haciendo. Parece ser que criar hijos es algo que hacemos, no algo en lo cual pensamos.

Más tarde, cuando preguntaba a los padres cómo hacían para satisfacer las necesidades emocionales de sus hijos, la respuesta

76   NIÑOS EMOCIONALMENTE SANOS

típica era un perplejo, "¿Cuáles necesidades?". Era como si les estuviera hablando en algún idioma extranjero . . . y así era. Ninguna de las respuestas de los padres me sorprendió. Durante la infancia de mi hijo yo hubiera respondido de igual manera. ¿Quién lo iba a saber? Nadie hablaba acerca de las necesidades o salud emocional, ni entonces ni ahora, ni en casa ni en la escuela. Por eso lo llamo el "plan inexistente".

En los primeros tres capítulos se han explicado las cinco necesidades vitales de los niños . . . cuáles son, por qué son importantes, cómo se han descuidado y las formas en que los padres logran satisfacerlas. El presente capítulo explora la manera en que los padres pueden atender a sus responsabilidades e implementar estos conceptos de manera más consciente y deliberada como forma de eliminar ese "plan inexistente".

Aficionado en contraste con profesional

En esta sección, el término "**aficionado**" aplica en un sentido general como el de las palabras "principiante", "novato" o "inexperto", y "**profesional**" como "experimentado", "conocedor" y "sistemático".

La mayoría de los padres son aficionados cuando se refiere a la crianza infantil, es decir, nuestra conducta, tanto en cantidad como en calidad, contradice la alta prioridad que le atribuimos a la crianza de los hijos. El enfoque aplicado es más bien errático en lugar de sistemático, reactivo más que proactivo. No tiene nada de malo ser un aficionado, esa es la forma en que todos empezamos— sin capacitación, experiencia ni habilidades—pero, uno esperaría, con amor en el corazón y un fuerte deseo de aprender y mejorar. La importancia de la crianza infantil obliga a que desarrollemos la destreza y conducta sistemática y consciente del profesional, al mismo tiempo que conservamos el amor, entusiasmo y espontaneidad del aficionado. Sin las cualidades del aficionado, el profesional se torna frío y mecánico; sin las del profesional, el aficionado se muestra torpe e ineficaz.

La crianza infantil es demasiado importante como para dejarla al azar. Dado que nuestro objetivo es formar niños emocionalmente sanos, un enfoque más profesional aumentará las probabilidades de que lo logremos y además contribuirá a la salud emocional de los padres. Manifestarnos como aficionados significa seguir un enfoque fortuito que produce inconsistencia, estrés innecesario y frustración tanto para niños como para padres. Como aficionados, algunos padres tienen mayor éxito que otros, pero todos tienen un rendimiento inferior al que podrían tener.

Elementos del profesionalismo

Convertirse en un profesional implica llegar a ser un padre consciente, es decir, poseer un conjunto de valores esenciales y aplicarlos a la crianza infantil de manera sistemática y consistente. La siguiente discusión involucra cuatro elementos centrales del profesionalismo:

1. Tomar decisiones conscientes

2. Poseer una estrategia de acción

3. Convertirse en estudiantes de la propia conducta

4. Tener una actitud experimental

TOMAR DECISIONES CONSCIENTES

La característica más consistente y predecible de la sociedad contemporánea es el cambio: las cosas cambian de manera tan rápida que la mayoría de nosotros quedamos pasmados vez tras vez ante las nuevas circunstancias. Existen fuertes presiones sobre las familias. Si los padres no se enfocan en la familia, los niños quedarán desatendidos.

Dado que el cambio es inevitable, es preciso decidir si deseamos ser las víctimas de un cambio forzado, que es lo que hacen los aficionados, o si queremos convertirnos en profesionales que forman parte de un cambio planeado. Los aficionados esperan y dejan que las cosas sucedan. Los profesionales toman decisiones conscientes y hacen que las cosas sucedan.

El cambio planeado comienza con una decisión consciente como padres acerca de cómo queremos que sea nuestra vida familiar. Esto se convierte en metas y prioridades que son el punto de partida para el desarrollo de estrategias.

CONTAR CON UNA ESTRATEGIA DE ACCIÓN

Sin una estrategia, una decisión o meta consciente quizá se convierta en poco más que un deseo o en palabras vanas, como las promesas de Año Nuevo que se hacen el primero de enero y que se convierten en una memoria distante una o dos semanas después.

Expresado en términos muy sencillos, una estrategia de acción es una afirmación de la necesidad de alcanzar una meta. Puede ser sencilla o compleja, según lo requiera la situación. Una estrategia sencilla, por ejemplo, podría implicar establecer un horario para la lectura de esta obra, la hora y el lugar (sólo lo involucra a usted mismo). Establecer un grupo de apoyo parental sería más complejo (implica a varios padres, juntas iniciales y reuniones programadas de manera regular, arreglos de procedimientos, horarios y sitios).

Si no saben adónde van, no hay manera de predecir en dónde terminarán. En cambio, si saben hacia adónde se dirigen, pero no cuentan con una estrategia para llegar hasta allí, es posible que no logren su meta.

CONVERTIRSE EN ESTUDIANTES DE LA PROPIA CONDUCTA

La mayoría de nosotros somos excelentes estudiantes de la conducta de otras personas. Sabemos con exactitud lo que los demás deberían de hacer para que las cosas salgan mejor. Los maridos saben justo lo que sus esposas tendrían que estar haciendo para que su matrimonio marche bien; las esposas saben lo mismo acerca de ellos; tanto hijos como padres tienen muchas recomendaciones que darse acerca de qué hacer de manera diferente; lo mismo sucede con jefes y empleados. Y así de manera sucesiva a lo largo de la sociedad entera; si tan solo otras personas hicieran las cosas de forma distinta, pensamos, el mundo y nuestras vidas serían mucho mejores.

La mayoría de nosotros no somos muy buenos estudiantes de nuestra propia conducta y rara vez consideramos que esto sea una meta y mucho menos una prioridad. Pero sabemos que es muy difícil—si no es que imposible—cambiar la conducta de alguien más. La persona sobre quien más control tenemos es uno mismo y los cambios en la propia conducta llegan a tener efectos positivos sobre los demás. Así, en cualquier relación donde los resultados no son los deseados, el punto de partida debe ser que **uno mismo**—no la otra persona—haga algo de manera diferente. El sentido común nos dice por qué: si no está obteniendo lo que desea, es claro que cualquier cosa que haya realizado hasta este punto no está funcionando. Por ejemplo, si recriminar y amenazar durante años no ha funcionado para hacer que sus hijos mantengan limpio su cuarto, es claro que necesita hacer algo distinto en lugar de persistir en esta conducta ineficaz y contraproducente.

Si considaráramos que somos una corporación—Juan Pérez, S.A.—¿no querríamos hacer evaluaciones regulares de nuestros recursos y obligaciones, así como fortalezas y debilidades, para intentar desarrollar las primeras y sobreponernos a las segundas? De no hacerlo, nuestras debilidades y obligaciones nos controlarían y llevarían a la bancarrota. La alta tasa de divorcio es una indicación del número de relaciones matrimoniales que sí se van a la bancarrota, y cuando eso ocurre el precio que pagan los hijos es elevado. Como padres, participamos en el desarrollo de los activos más preciados, nuestros hijos. La crianza de los niños representa el ámbito en el que hay una mayor necesidad de convertirse en estudiante de la propia conducta.

TENER UNA ACTITUD EXPERIMENTAL

Desde cierto punto de vista podría argumentarse que la vida no es sino un enorme experimento y que la sociedad completa representa un laboratorio maravilloso en el que es posible intentar cosas nuevas, en especial relacionadas con la vida familiar.

Reconocer esto y adoptar una actitud experimental de manera deliberada tiene muchos beneficios. Con una actitud experimental, el fracaso no existe, nunca nos permitimos convertirnos en víctimas. Si algo no funciona, nadie se estruja las manos y exclama "¡Pobre de mí! ¿Por qué está sucediendo esto? ¿Qué hice para merecerlo?". Como experimentadores que somos, pensamos "¿Qué puedo hacer ahora para lograr que funcione?", adoptamos la frase, "Si al principio no logras el éxito, intenta de nuevo", pero añadimos lo que la mayoría de las personas omite, "pero cada vez de manera diferente". Si continuamos repitiendo algo que no funciona, ¿por qué habríamos de esperar un resultado distinto? En este caso, la práctica no hace al maestro. Si uno está practicando errores, se convertirá en un maestro en cometerlos. Tal es la razón por la cual muchos individuos no llegan a ser eficaces en la crianza infantil y por la que muchas relaciones son tan difíciles.

Con una actitud experimental, los problemas y dificultades se convierten en retos. Cada día ofrece una oportunidad para utilizar este laboratorio maravilloso llamado "vida" para intentar algo nuevo. La crianza infantil se convierte en un experimento consciente y continuo, en una fuente de desafíos y fascinación que nos deleita.

Aplicación de los elementos del profesionalismo

TOMAR DECISIONES CONSCIENTES

Cuando los padres poseen un claro conjunto de valores esenciales, es menos probable que trabajen con objetivos opuestos y que malentiendan las acciones y motivos del otro. Concentra sus actividades de crianza y aumenta las probabilidades de que actúen de manera más eficaz.

El paso inicial para lograr que las cinco necesidades vitales de los niños se conviertan en una parte efectiva de la vida familiar es consolidar esta intención por medio de las siguientes decisiones deliberadas:

Adopción de las cinco necesidades vitales

Adoptaré las cinco necesidades vitales como valores esenciales para guiar mi conducta como sigue:

1 Tratando a mis hijos con el mismo respeto que yo desearía recibir y dar.

2. Tratando a mis hijos de maneras que realcen sus sentimientos de importancia.

3. Aceptando a mis hijos como individuos únicos e independientes con derecho a tener sus propias ideas, sentimientos, pensamientos y opiniones.

4. Ayudando a mis hijos a tener una sensación de comunidad; creando actividades familiares en las que estén involucrados y considerando a nuestra familia como una "Comunidad de aprendizaje".

5. Aumentando la sensación de seguridad de mis hijos al modelar una relación amorosa y respetuosa con mi cónyuge o, si soy padre soltero, con las otras personas significativas en mi vida.

TENER UNA ESTRATEGIA DE ACCIÓN

Cambiar nuestros hábitos o iniciar hábitos nuevos no es fácil. Muchas buenas intenciones se desvanecen porque nunca se ven convertidas en acciones. Las estrategias aquí sugeridas están diseñadas para facilitar la transición de conceptos a acción.

En definitiva, éste no es un enfoque "unitalla". Se presenta para estimular sus ideas y proporcionar alternativas entre las cuales sea posible elegir, adoptar o modificar. Parte de la base de que usted creará sus propias estrategias, adecuadas a las necesidades de su familia.

La idea es comprometerse y empezar de inmediato, aunque sea en una medida reducida. Empiece con una estrategia y desarróllela. Es mejor empezar de forma limitada que esperar al momento en que pueda hacerse todo y quizá terminar por no hacer nada. A medida que empieza a hacer las cosas de manera más sistemática, el proceso se tornará más sencillo y querrá hacer más. A continuación se presenta una variedad de estrategias para su consideración.

ESTRATEGIA #1: repaso continuo de los conceptos básicos

Los atletas y artistas profesionales practican los elementos básicos de su profesión antes de cada juego o evento: los tenistas realizan calentamiento antes de un partido practicando sus golpes básicos; los beisbolistas hacen prácticas de lanzamiento y bateo; los músicos afinan sus instrumentos. Es imposible que los padres repitan lo anterior antes de ver a sus hijos cada día, pero sí pueden hacer un repaso regular de los conceptos básicos de las cinco necesidades vitales de sus hijos de la manera siguiente:

Metas y acciones

Mantener las cinco necesidades vitales frescas en la memoria como guía diaria para interactuar con nuestros hijos. Elija de entre las siguientes acciones según sea necesario.

Semanal: vuelva a leer las secciones de En resumen del capítulo 1, que sintetizan la fundamentación e importancia de cada una de las cinco necesidades vitales.

Cada tres meses: vuelva a leer el capítulo 1. Revise los demás capítulos según se necesite.

ESTRATEGIA #2: convertirse en estudiante de la propia conducta

El crecimiento personal no sucede dentro de un vacío. Es preciso saber cómo nos está yendo—lo que está funcionando y lo que no—a fin de hacer los cambios y ajustes que se requieran. Los atletas profesionales tienen la fortuna de tener datos objetivos en la forma de resultados de juego y desempeño personal; también tienen la ventaja de revisar videocintas y retroalimentación proporcionada por supervisores y entrenadores. Es difícil que los padres obtengan una retroalimentación objetiva similar. No obstante—y reconociendo estas limitantes—, los padres pueden empezar a convertirse en estudiantes de la propia conducta si llevan un diario, participan en sesiones de retroalimentación familiar, piden retroalimentación de su pareja y de sus hijos en situaciones uno a uno y comienzan o se unen a un grupo de apoyo parental.

Meta

Entender mejor la forma en que mi conducta afecta a mis hijos y facilitar mis esfuerzos para satisfacer sus necesidades emocionales.

Acciones

1. Llevar un diario tomando 15 a 20 minutos al final del día para reflexionar acerca de las preguntas que siguen. (Responda de manera breve a cada pregunta utilizando el Apéndice C: formulario de Convertirme en estudiante de mi propia conducta).

   ◆ ¿Cuáles de mis acciones ayudaron a satisfacer cualquiera de las cinco necesidades vitales de mis hijos?

   ◆ ¿Cuáles de mis acciones impidieron que satisficiera cualquiera de las cinco necesidades?

   ◆ ¿Qué aprendí acerca de mí mismo, de mis actitudes, conductas, fortalezas, debilidades?

   ◆ Si pudiera repetir el día de hoy, ¿qué cambiaría?

   ◆ Las preguntas que tengo acerca de las actitudes y conductas de mis hijos son:

Comentarios

Llevar un diario de este tipo—incluso durante un mes—lo sorprenderá en gran manera debido a lo mucho que aprenderá acerca de usted mismo y de sus hijos y por lo útil que será tal información. Un complemento para esta actividad sería una discusión entre ambos padres acerca del contenido de sus diarios al final de la semana. Dicha actividad por sí sola llega a tener un efecto profundo sobre la calidad de sus interacciones con sus hijos y en la sensación de confianza que esto le dará acerca de lo que está haciendo.

ESTRATEGIA #3: retroalimentación familiar

Las sesiones de retroalimentación familiar son una forma continua de reuniones familiares; brindan un foro regular para la creación de una atmósfera segura y no amenazante en la que sea posible sostener una comunicación abierta; ofrecen una vía de salida para sentimientos, preocupaciones, frustraciones, aprecio y alegría. Es una situación compartida y de aprendizaje donde todos reciben información acerca de lo que está sucediendo con cada quien y cómo las propias acciones quizá afecten a otros miembros de la familia.

Meta

Mejorar las relaciones familiares por medio de sesiones de retroalimentación.

Acciones

1. Reunión inicial: los padres discuten el propósito de la reunión, es decir, averiguar cómo le está yendo a cada miembro de la familia para eliminar los obstáculos y proporcionar sugerencias que les permitan una vida feliz y sana en conjunto. Las reglas básicas incluyen: las personas hablan uno a la vez, sin interrupciones y todo el mundo tiene permiso de decir cualquier cosa.

2. Reuniones semanales continuas: en estas sesiones se discuten las siguientes preguntas abiertas.

   ◆ ¿Qué vemos en otras personas o en nosotros mismos que esté obstaculizándonos o ayudándonos a llevar vidas felices y sanas?

   ◆ ¿Qué es lo que más o menos nos gusta de nuestra vida familiar?

- ◆ ¿Qué otras cosas están sucediendo en nuestras vidas que provoquen que nos sintamos bien, mal, preocupados, relajados o agradecidos?

- ◆ ¿Qué podríamos estar haciendo para mejorar las cosas?

3. Los padres marcan la pauta:

- ◆ De inicio, es posible que los padres deseen iniciar las sesiones pidiendo retroalimentación a fin de sentar los precedentes—"¿Qué hice durante esta última semana que les gustó o que no les gustó?".

- ◆ A fin de que los niños sientan la seguridad necesaria para responder de manera honesta, es necesario que los padres acepten sus comentarios y enfaticen que no habrá consecuencias negativas por cualquier cosa que se diga.

- ◆ Algunas familias podrían empezar con una ronda general en la que cada miembro tome 1 o 2 minutos para hablar acerca de los puntos altos y bajos de la semana pasada antes de iniciar la retroalimentación.

(Véase el apéndice D: el formato de Análisis de retroalimentación familiar para las anotaciones anteriores.)

Comentarios

Dar y recibir una retroalimentación honesta y comunicarse de manera abierta no es fácil para la mayoría de las personas. Quizá pase cierto tiempo antes de que estas sesiones lleguen a ser habituales, pero poco a poco serán más fáciles y los beneficios se harán evidentes. No intente apresurar el proceso. Aunque hablar acerca de las frustraciones y ofrecer críticas forma parte de la retroalimentación, también lo es apreciar las cosas acerca de las cuales todos se sienten bien. Cuando surjan temas que requieran de una solución de problemas, es factible hacer un seguimiento fuera de las reuniones. Las sesiones pueden variar en frecuencia desde una vez por semana a una o dos veces por mes, conviene que tengan una duración de entre 30 minutos a una hora o más (por lo general, las sesiones semanales funcionan mejor). Tanto la frecuencia como la duración de las sesiones dependerán del tamaño y necesidades de la familia, además, es factible que cambien a lo largo del tiempo. Las sesiones de retroalimentación familiar ofrecen a padres e hijos una oportunidad para conocerse y comprenderse mejor unos a otros y a sí mismos, y volverse más eficaces en la satisfacción de las necesidades emocionales de cada miembro de la familia.

ESTRATEGIA #4: enfatizar el reforzamiento positivo

Los padres tienden a prestar mayor atención a sus hijos cuando tienen un mal comportamiento que cuando hacen las cosas de manera correcta. En general, los niños están mucho más sujetos a las críticas que a los elogios y esto quizá tenga un efecto negativo sobre su autoimagen y seguridad propia. Los niños necesitan más reforzamiento positivo.

Meta

Proporcionar a los niños una abundancia de retroalimentación positiva.

Acciones

1. Especifique un día especial y decida la hora del día para la reunión así como la duración y el lugar donde se llevará a cabo.

2. Déle un nombre tal como "Lunes positivo" (o cualquier otro día de la semana).

3. Observe las acciones de los niños con la meta de reconocer conductas merecedoras de elogios, mismos que deben ofrecerse en función a conductas específicas apropiadas a las acciones de los niños (p. ej., no fingidas ni exageradas).

4. Los niños participan elogiándose entre sí y a sus padres.

5. Experimente con la forma en que se dan los elogios.

Comentarios

Mediante esta actividad es frecuente que los padres se percaten de más conductas positivas de las que esperaban. Es crucial recordar que los elogios deben ser sinceros y merecidos; fingir no resultará, por otra parte, es válido encomiar en respuesta a cualquier acto, al margen de cuán pequeño parezca ser (p. ej., decirle "hola" a alguien con una gran sonrisa). Una madre creó un juego con su hijo en el que cualquiera de ambos podía iniciar una interacción positiva diciendo, "Yo tengo un cumplido para ti si tú tienes uno para mí"; cuando la segunda persona está lista, ambos intercambian cumplidos. La naturaleza recíproca de esta actividad permite al niño no sólo experimentar la satisfacción de ser reconocido, sino también de dar ese placer a alguien más.

ESTRATEGIA #5: planear una
actividad familiar

Muchos padres participan con sus hijos en actividades divertidas e interesantes para los niños, pero un tanto aburridas para los adultos; por supuesto, el placer se encuentra en ver que los niños se están divirtiendo o aprendiendo algo. Los padres siempre estarán involucrados en un cierto número de este tipo de actividades; sin embargo, existen opciones que la familia entera disfrutará. Cuando a la vez se logra cumplir con alguna tarea necesaria, son divertidas para todos, proporcionan cierto aprendizaje y brindan a los niños una sensación de inclusión, están alcanzándose muchas metas a un mismo tiempo.

Meta

Crear una actividad familiar que promueva sentimientos de inclusión e importancia para los niños; proyecto de venta de garaje/puesta en orden de la casa.

Acciones

1. Reunión familiar inicial: involucre a todo el mundo en una reunión donde se describa el proyecto y se acuerden las tareas,

responsabilidades y repartición de ganancias, y donde se especifiquen fechas de finalización para cada actividad.

2. Hacer una lista de cosas que se puedan vender: de manera independiente, cada persona hace una lista de cosas para vender por medio de contestar las siguientes preguntas.

   ◆ ¿Cuáles de mis cosas quiero vender?

   ◆ ¿Cuáles son algunas de las cosas de la casa que no me gustan?

   ◆ ¿Qué son algunas cosas que nadie parece utilizar?

   ◆ ¿Qué cosas no me he puesto o no he usado en el último año?

   ◆ ¿Qué cosas no estoy seguro de querer conservar?

3. Se asigna a una o dos personas para que combinen las selecciones de cada persona en una lista maestra que elimine duplicaciones.

4. Se realiza una junta familiar para llegar a un consenso en cuanto a la lista final para la venta.

5. Junta(s) subsiguiente(s) para planear la venta: quién hace qué, dónde, cómo y cuándo.

Comentarios

El proyecto no necesariamente tiene que ser para una venta de garaje, la meta podría ser tan simple como poner orden en la casa y los artículos elegidos podrían donarse a alguna caridad. Algunos beneficios adicionales incluirían que los niños participen en la entrega de los artículos y tal vez que aprendan algo acerca de recibir caridad. Una fiesta familiar sería una conclusión divertida para este tipo de proyecto. Es factible llevar a cabo de manera periódica otras actividades o proyectos familiares con metas similares. (Véase apéndice A, Guía de recursos para padres; Lewis, B. A. *The Kids' Guide to Service Projects [Guía de proyectos de servicio para niños]*).

Además de sentirse incluidos e importantes, los niños aprenden acerca de planeación, solución de problemas, conversación y habilidades para el trabajo en equipo.

ESTRATEGIA #6: establecimiento de reglas familiares

Los niños se sienten más seguros cuando saben qué se espera de ellos y si las reacciones de sus padres son consistentes y no están sujetas a caprichos o cambios de ánimo. Cuando las reglas están bien pensadas e involucran la participación de los niños, es más probable que se acepten.

Con frecuencia, los padres evitan este tipo de discusión porque se sienten más cómodos ejercitando un control adulto. A menudo temen verse involucrados en debates interminables donde quizá al final "cedan ante los niños". De nuevo, esto es funcionar con base en el temor. Sí, a medida que los niños crecen desean mayor poder e independencia, pero sus padres deberían celebrarlo en lugar de temerlo. Con frecuencia la inseguridad conduce a temores de pérdida de control y al ejercicio del poder arbitrario, lo cual acarrea conflictos interminables. Junto con el deseo de independencia, los chicos tienen una fuerte necesidad de complacer a sus padres y en verdad pueden comportarse de manera razonable. Los padres deberían ayudarlos modelando conductas racionales de discusión, toma de decisiones, acuerdos y cooperación.

Meta

Desarrollar reglas y pautas de comportamiento para la familia a través de un mecanismo de planeación y toma de decisiones compartidas.

Acciones

1. Reunión familiar inicial. Hablen acerca de la unidad familiar como microcosmos de la sociedad en que el respeto y la cooperación mutuos son necesarios para el crecimiento, la felicidad y la seguridad. Consideren las cinco necesidades

vitales como valor familiar básico que gobierna las interacciones entre todos.

2. Junta(s) de seguimiento:

◆ Discutan de manera breve los valores de la familia en cuanto a aprendizaje y educación, salud, trabajo, relaciones interpersonales y así por el estilo (no consideren todos en una sola sesión).

◆ Usen los valores familiares como contexto para abordar la necesidad de establecer reglas—para tareas, televisión, computadora, teléfono, comidas, hora de dormir, peleas, quehaceres y conductas fuera de la casa—y también para aprender y desarrollar habilidades de negociación y acuerdos. Busque un consenso en cuanto a normas y consecuencias con los niños. Al principio, sólo adopten unas cuantas; empiecen con las más necesarias. Siempre es factible añadir reglas más adelante.

◆ Se llevan a cabo reuniones periódicas para verificar cómo marchan las cosas y hacer cambios donde se requieran.

Comentarios

Esta actividad es de gran utilidad para eliminar los conflictos emocionales y los patrones de acoso, amenazas, castigos, frustración y sumisión. Es fundamental enfatizar que el plan inicial es el mejor que la familia puede idear en el momento y que habrá evaluaciones continuas. Esta actividad puede y debe iniciar a una edad temprana. A fin de llegar a ser diestros en la participación en ambientes democráticos y apreciar su valor, resulta imprescindible que los niños los experimenten de primera mano, algo imposible en familias y escuelas autocráticas. (Un producto derivado a menudo es una mejoría en habilidades de lectura, escritura, comprensión, discurso, solución de problemas, acuerdo e investigación.) Cabe aclarar que no toda decisión implicará una búsqueda de consensos y que, en todos los casos, los padres seguirán siendo la máxima autoridad.

ESTRATEGIA #7: creación de tradiciones familiares

Toda familia debería abordar el tema del desmoronamiento de la unidad familiar; una preocupación actual que interesa a todo segmento de la sociedad.

Meta

Crear eventos que combinen elementos de diversión, interés y aprendizaje que se repitan de manera regular a fin de convertirse en tradiciones familiares.

Acciones

1. Los padres consideran con sus hijos sus intenciones de crear noches, fines de semana (o ambos) para efectuar eventos especiales, los cuales deberán llevarse a cabo de manera regular con una frecuencia y horario a decidirse.

2. La familia lleva a cabo una lluvia de ideas; por ejemplo:

   ◆ Noches de comedia. Cada quien trae un chiste o un cuento gracioso para contarlo o leerlo.

   ◆ Noches de preguntas y respuestas. Cada miembro de la familia inventa una pregunta o la selecciona de un libro como *The Kids' Book of Questions (Libro de preguntas para niños)* de Stock. Entonces, cada persona hace una pregunta seguida de una discusión familiar.

   ◆ Proyecto para dar regalos, para alentar el concepto de que "es mejor dar que recibir" o que al menos son de igual importancia. A lo largo del año, en las ocasiones en que por lo general la gente intercambia regalos, involucre a los niños de alguna manera en ofrecer regalos.

Comentarios

Muchas familias ya tienen ciertas tradiciones, con un poco de imaginación es factible añadir nuevas o utilizar estas últimas para reemplazar las existentes. Muchas tradiciones continúan a lo largo de los años de desarrollo de los niños y, en ocasiones, más allá de eso (véase Apéndice B: Lista de actividades familiares, donde encontrará más de 150 categorías de actividades familiares potenciales).

ESTRATEGIA #8: actividad de lectura o narración
                    de cuentos familiar

Uno de los recuerdos más preciados que muchas personas tienen de su infancia es de cuando sus padres les leían o contaban un cuento antes de ir a la cama. Mi padre era un excelente narrador de cuentos y es algo que se convirtió en un ritual para mi hijo y yo; cada día finalizaba cuando él se iba a la cama y yo le contaba un cuento y le daba un abrazo y un beso de buenas noches. Dicha actividad se ha vuelto una tradición en muchas familias, pero no en tantas como uno esperaría. Es un excelente hábito entre padres e hijos para finalizar el día y brinda tranquilidad y placer al niño, junto con la motivación para leer y mejorar sus habilidades de aprendizaje. Asimismo, sirve como señal de que es hora de ir a la cama y a modo de transición para preparar al niño a que lo haga.

Meta

Establecer la lectura como actividad importante a través de una placentera y tranquila interacción entre padres e hijos al final del día.

Acciones

1. Empiece esta actividad desde la primera infancia, primero narrando cuentos y después leyendo de libros. Bibliotecarios y libreros le recomendarán libros populares para cada nivel de edad.

2. Las familias con más de un hijo pueden hacer que todos participen haciendo que los niños tomen turnos para leer o que los mayores les lean a los menores.

Comentarios

En una escuela de educación básica, el director llevaba a cabo una hora de lectura diaria para enfatizar la importancia de leer.

Todos en la escuela—estudiantes, maestros, administradores, personal de oficina y mantenimiento—dejaban lo que estuvieran haciendo y leían durante 45 minutos, lo cual era seguido de discusiones en grupos pequeños. El nivel de interés por esta actividad era elevado. A medida que los niños crezcan, quizá llegue a convertirse en una actividad familiar semanal, tal vez en ocasiones con todos los miembros de la familia leyendo el mismo libro.

ESTRATEGIA #9:　enfoque de equipo a cocinar
　　　　　　　　　　y al trabajo de la cocina

Los padres lograrán obtener el mayor provecho posible de los proyectos familiares al realizar algunos que sean de utilidad para todos los miembros. Las actividades de la cocina relacionadas con la preparación de alimentos ofrecen este tipo de posibilidades, en especial porque es algo que sucede varias veces al día y debido a que se trata de una práctica en la que todo el mundo participa a lo largo de sus vidas.

Meta

Crear una mini-escuela de cocina que proporcione a los niños de manera gradual cada vez más responsabilidades, habilidades y un aprecio por la comida.

Acciones

1. Esboce un breve plan de estudios para el entrenamiento gradual de los niños en todas las tareas relacionadas con preparar y servir comidas.

2. Liste tareas desde sencillas hasta complejas para involucrar a niños de todas las edades (p. ej., sacar las cosas que se van a cocinar del refrigerador; poner la mesa; abrir latas; tareas de mantenimiento como limpiar la mesa, guardar cosas, lavar los trastes, secarlos, barrer el piso; sacar la basura; preparar verduras; disponer refrigerios y platillos sencillos como bocadillos, emparedados fríos, cereal frío y caliente, huevos duros, papas al horno; hacer sugerencias para el menú; preparar

menús para diferentes comidas; servir a los invitados; hacer listas de compras; asistir a los padres en las compras; ir de compras solos; cocina sencilla y avanzada).

3. Asigne tareas y puestos a los niños (p. ej., chef asistente, gerente de mantenimiento, jefe de degustación de alimentos).

4. Proporcione instrucción práctica antes de realizar cada tarea.

Comentarios

A medida que los niños aprenden a hacer más y se vuelven más útiles, hay un desarrollo de su seguridad propia e independencia, además de que reduce la carga de trabajo de los padres, lo que es de particular importancia en hogares monoparentales o donde ambos padres trabajan.

ESTRATEGIA #10: estudio familiar del respeto: significado e importancia

Los niños aprenden de sus modelos de rol. Aprenderán lo que deben hacer y lo que no deben hacer si lo ven lo suficiente, si saben lo que están buscando y si logran reconocer y comprender por qué algo es positivo o negativo.

Meta

Crear una comprensión más profunda y una tendencia favorable hacia la conducta respetuosa a través de la observación y la discusión activa.

Acciones

1. Los padres consideran el propósito de la actividad y definen las conductas respetuosas e irrespetuosas mediante los ejemplos del capítulo 1.

2. Durante un periodo específico (p. ej., una semana), cada persona toma nota de ejemplos de conductas respetuosas e irrespetuosas en una o más de las siguientes situaciones: en la escuela, al jugar, en casa, en la televisión. Al final de la

semana, la familia se reúne para comentar los resultados de las observaciones y sus conclusiones.

Comentarios

Es factible realizar dicha actividad a diferentes intervalos a lo largo del año. Proporciona otra oportunidad para que los padres compartan sus valores con sus hijos. De vez en vez, padres e hijos toman nota de sus propios actos de respeto o de falta del mismo y los discuten juntos.

ESTRATEGIA #11: cuidado personal de los padres

A fin de crear un ambiente familiar positivo, feliz, sano y relajado, los padres deben evitar la trampa del agotamiento, es decir, estar tan involucrados en el cuidado de sus hijos que descuidan sus propias necesidades. Cuando esto sucede, los padres carecen de energía, sienten menos felicidad, experimentan grandes cantidades de estrés y son menos eficaces con sus hijos. Los padres necesitan nutrirse a sí mismos y no sólo a sus hijos.

Meta

Identificar actividades que satisfarán las necesidades personales de los padres y preparar un plan para implementarlas.

Acciones

1. Repase áreas de interés personal como socializar, hacer ejercicio, deportes, viajar, pasatiempos, aprendizaje, lectura, trabajo voluntario y así sucesivamente, e identifique aquellas actividades que serían elecciones prioritarias.

2. Piense en la cantidad de tiempo que dedica a sus intereses personales en la actualidad; a solas o con otros, el tiempo que pasa y con quién (véase Apéndice E: formulario de Plan de cuidados propios de los padres, para utilizarlo en esta actividad).

3. Con la información obtenida de los puntos 1 y 2, prepare un plan tentativo durante cierto periodo (p. ej., 6 meses) para programar actividades de alta prioridad identificados.

4. Semanal: evalúe el grado al que está funcionando el plan de cuidados propios (véase Apéndice F: formulario de Evaluación de cuidados propios de los padres, para utilizarlo en esta actividad).

5. Anual: siempre que sea posible, prepare un plan para 6 meses o para un año.

Comentarios

Por lo general, los padres tienen una cantidad de tiempo limitada para sus intereses personales, lo cual constituye una razón adicional para tomar decisiones dirigidas a pasar algún tiempo libre a solas, con su cónyuge y con amigos, así como seleccionando actividades placenteras.

Dado que el cuidado de sí mismos es un área que los padres en muchas ocasiones descuidan, tener un plan le da mayor importancia y aumenta la probabilidad de que ocurra. A medida que los padres se conviertan en mejores estudiantes de su propia conducta, es factible realizar ajustes para idear un enfoque realista y equilibrado. (Dado que es frecuente que el tiempo sea un problema de gran importancia, lea o vuelva a leer el capítulo 5 acerca de la superación de obstáculos.)

ESTRATEGIA #12: participar en un grupo de apoyo para padres

Los padres pueden ampliar su perspectiva acerca de la crianza infantil y obtener apoyo práctico al reunirse con otros padres de manera regular a fin de compartir experiencias, resolver problemas, intercambiar retroalimentación y apoyarse los unos a los otros en varias otras maneras.

Meta

Crear un grupo de apoyo para aquellas personas interesadas en ayudarse mutuamente a convertirse en padres más eficaces con menos estrés y más felicidad.

Acciones

1. Uno o más padres invitan a otros a una reunión para considerar el propósito y procedimientos para un grupo de este tipo y acordar un horario regular para reunirse.

2. Se puede iniciar un grupo con tan solo dos o tres miembros, en lugar de esperar a reunir a un número arbitrario mayor de personas.

3. Además de compartir ideas y experiencias, otras actividades de las que la mayoría de los padres obtendrán beneficios incluyen cuidar niños de otras personas, compartir transportación, establecer una línea telefónica de crisis, intercambio de ropa infantil, préstamo de equipo, guardería cooperativa, tutorías, intercambio de libros y así por el estilo.

Comentarios

Los padres que han participado en este tipo de grupos indican que los miembros forman vínculos y con frecuencia funcionan como una familia extendida. Muchos han encontrado que el grupo les ayudó a reducir su estrés y contribuyó a que se convirtieran en mejores padres.

CONVERTIRSE EN ESTUDIANTE DE LA PROPIA CONDUCTA

Ya antes habíamos discutido la importancia de la retroalimentación y las consecuencias negativas que provoca su ausencia. Aquí trataremos con los problemas potenciales y las soluciones de implementar actividades de retroalimentación, además daremos sugerencias de cómo hacer para empezar bien.

Comenzaré con dos historias verdaderas que son relevantes a la presente consideración. Un amigo estaba asistiendo a la celebración de los 80 años de vida de su madre cuando ella se le acercó y le preguntó por vez primera, "¿Hijo, fui una buena madre?". Sorprendido por su pregunta, la miró, le sonrió y le dijo, "Mamá, eres la mejor".

En uno de los talleres que dirigí, una proveedora de cuidados infantiles relató cómo, justo después de leer *Cómo criar niños emocionalmente sanos,* se reunió con sus dos hijos, de 7 y 10 años de edad, y preguntó "¿Niños, los trato con respeto?". El más pequeño la miró con una expresión extraña y le dijo, "Claro, Mamá" y se fue; el chico de 10 años de edad la miró a los ojos y dijo con énfasis, "No siempre". Ella se sorprendió bastante y pidió un ejemplo, a lo que el niño respondió, "A veces eres sarcástica". "¿Lo soy?", contestó ella con un tono de incredulidad, después de lo cual le pidió que fuera más específico. Entonces, él le describió que hacía unos días había acudido a ella en la cocina pidiéndole que lo ayudara y que ella le había gritado, "¿No ves que sólo tengo dos manos?". Avergonzada, le pidió perdón y pidió que en vista de que no siempre se daba cuenta de cómo estaba comunicándose, le dejara saber la siguiente vez que ocurriera algo similar.

Las dos situaciones anteriores son ilustrativas de un recurso—la familia misma—que puede ayudar a los padres para convertirse en mejores estudiantes de su propia conducta. No obstante, el que los miembros de una familia soliciten que los demás miembros les den retroalimentación es muy poco frecuente, ni tampoco se les ocurre a los padres sostener sesiones habituales de retroalimentación familiar para hablar acerca de lo que está sucediendo en sus vidas y de cómo mejorarlas. *Cómo criar niños emocionalmente sanos* ha despertado a las personas a esta posibilidad.

Lo siguiente es algo que debe tomarse en cuenta al participar en este tipo de actividades. La retroalimentación no es una píldora mágica, es necesario trabajar con ella. Para la mayoría de nosotros, resulta difícil aceptar la crítica. Desde la infancia y en adelante, nos hemos visto inundados por una andanada imparable de advertencias, correcciones y regaños, en casa y en la escuela, que nos han dejado inseguros a diversos grados. A fin de evitar reprimendas y regaños, hemos aprendido a estar a la defensiva y mentir, lo cual en la mayoría de las veces se hace sin haberlo decidido de manera consciente.

Tomando lo anterior en cuenta, a continuación se presentan algunas sugerencias para iniciar actividades de retroalimentación dentro de la familia y sacarles el mayor provecho.

- ◆ Desarrolle una actitud positiva (toda retroalimentación es útil).
  - − Considere las críticas como un acto de amistad e interés, no de hostilidad.
  - − Positivas—siga adelante, expanda estas acciones positivas de ser posible.
  - − Negativas—si está de acuerdo, utilícelas para tomar acciones positivas. Si no está de acuerdo, aproveche la oportunidad para clarificar y tranquilizar el ambiente

- ◆ Comience con **Volverse estudiante de la propia conducta** (véase Estrategia #2). (Esto sólo lo involucra a usted sin que nadie lo supervise.)

- ◆ Únase o comience un grupo de apoyo para padres lo antes que pueda. (Véase Estrategia #12). (Una oportunidad no amenazante para compartir experiencias vitales similares con sus pares.)

- ◆ Retroalimentación de dos personas—empiece cuando usted y su cónyuge se sientan cómodos después de trabajar con la Estrategia #2. (Use el enfoque de Retroalimentación Familiar. Véase Estrategia #3.)

- ◆ Inicie la retroalimentación familiar en cuanto ambos padres se sientan cómodos. (Véase Estrategia #3.)

Participar en las actividades de retroalimentación ya descritas tiene el potencial de ser una de las experiencias más interesantes y valiosas de la vida familiar. De hecho, aun si sólo participara de manera activa en la Estrategia #2, Convertirse en estudiante de la propia conducta, eso por sí mismo tendrá un profundo efecto sobre su efectividad como padre.

Nota

Si se han dado otros tipos de reunión familiar—como se expone en el capítulo 1 bajo la sección de Necesidad de sentirse incluido—, será más fácil iniciar las sesiones de retroalimentación. Considere también pedir a los adolescentes y preadolescentes que lean el capítulo 1 y comente con ellos "Las cinco necesidades como valor familiar" antes de la retroalimentación.

TENER UNA ACTITUD EXPERIMENTAL

Al aceptar a la vida como un gran experimento, la familia se convierte en un laboratorio fértil y especial en el cual es posible llevar a cabo la investigación personal acerca de cómo crear un ambiente emocionalmente sano en el que los individuos son tanto experimentadores como participantes. Mi primera recomendación es: ¡no imponga límites!, ¡piense en grande! Siempre será posible reducir las cosas más adelante. No establezca restricciones durante la fase de las ideas. Empiece en el punto en que se encuentre en el momento presente y con las habilidades, talentos, salud, personalidad, posesiones, necesidades y deseos que tenga y comience un diálogo acerca de cómo desarrollar personas felices, sanas y útiles, capaces de incorporar las cinco necesidades vitales en su existencia.

Un buen lugar para comenzar podría ser "Convertirse en estudiante de la propia conducta", porque no requiere que nadie más participe. Cuando examine su diario e identifique algo que hizo bien, intente maneras diferentes para desarrollar esta característica o, en el caso de algo que haya salido mal, busque modos de mejorar. Es importante iniciar las reuniones familiares desde el mismo comienzo del proceso. Aquí es donde se enfatiza el concepto de la familia como comunidad y lo que eso significa en términos de las responsabilidades que se tienen para con los demás y para el bienestar propio. Todas las estrategias son oportunidades excelentes para experimentar de acuerdo con sus necesidades, deseos y disposición. (Véanse Apéndices G—**Plan de actividades familiares**, H—**Evaluación de actividades familiares**, e I—**Encuesta del bienestar de los niños**.)

En resumen

Resulta irónico que a pesar de la importancia de las relaciones interpersonales, la comunicación y la retroalimentación, nadie nos enseña acerca de estas cosas durante nuestros años formativos; al igual que la salud emocional, no forman parte del plan de estudios de nadie, ni en casa ni en la escuela. Son parte del "plan inexistente". Por desgracia, a menudo pagamos un precio considerable por este vacío a lo largo de nuestras vidas . . . pero no tiene que ser así.

El presente capítulo enfatiza la importancia de convertirnos en padres conscientes y deliberados, de no dejar la crianza infantil al azar. La meta de formar niños emocionalmente sanos implica hacer que sus necesidades emocionales sean una prioridad, aplicar los cuatro elementos del profesionalismo como estrategia y mantener un estilo de vida equilibrado al no descuidar las propias necesidades personales.

Las estrategias esbozadas en este capítulo no tienen la intención de ser la panacea. Son modelos que los padres pueden adoptar, modificar o utilizar para crear otros nuevos. Dadas las múltiples demandas y presiones que se ejercen sobre los padres, convertirse en un profesional de la crianza infantil no significa hacer todo a un mismo tiempo. Una sugerencia de plan básico de actividades iniciales es:

(1) Leer el libro—una vez, de manera rápida—y releer después los capítulos 1 y 4.

(2) Empezar a aplicar las cinco necesidades en las interacciones diarias con los niños.

(3) Convertirse en estudiante de la propia conducta, llevar un diario.

(4) Tan pronto como sea posible, participar en un grupo de apoyo para padres. Es factible implementar las actividades

posteriores en cualquier momento en que el padre se sienta preparado y motivado, y cuando la situación resulte viable.

Además de satisfacer las cinco necesidades vitales de los niños y fortalecer la cohesión familiar, existen importantes beneficios derivados de estas actividades. Entre ellos se cuentan mejorar las habilidades de lectura, escritura, discurso y pensamiento de los niños. También proporcionan oportunidades de diversión, relajación, desafío y experimentación.

Los individuos, al igual que las organizaciones, deben tener la capacidad de adaptarse al cambio y renovarse en forma continua. Esto aplica de manera particular en la sociedad contemporánea y para el futuro previsible, donde la característica más constante y predecible es el cambio. Una estrategia de renovación y corrección sobre uno mismo ayudará a confrontar tales cambios y adaptarse a las condiciones nuevas. Aplicar los cuatro elementos del profesionalismo—tomar decisiones conscientes, tener una estrategia de acción, ser un estudiante de la propia conducta y tener una actitud experimental—proporciona una estructura para que los padres satisfagan las cinco necesidades vitales de los niños y fortalezcan la cohesión familiar de manera positiva, consistente y eficiente.

Superación de obstáculos y toma de control

(Conservar la perspectiva y un estilo de vida equilibrado)

*C*on lo que usted ya sabe, es momento de emprender el camino con confianza, pasar de las palabras a la acción; implementar los conceptos y cosechar los beneficios para niños, padres, familias, escuelas y sociedad en general. Pero no vayamos tan rápido. En cualquier empresa—sin importar cuán bien sepamos lo que se debe hacer— siempre hay obstáculos que habrán de ser superados; en ocasiones internos, cuando nos interponemos en nuestro propio camino, y a veces factores externos imprevistos. La intención del presente capítulo es anticipar muchas de estas dificultades potenciales y sugerir maneras de evitarlas o superarlas.

Obstáculos

SENTIRSE ABRUMADO

Un problema común del que los padres hablan con frecuencia es el estrés, es decir, sentirse abrumados, frustrados o extenuados. La pregunta que plantean a menudo, con un tono de desamparo, es: "¿Dónde encuentro el tiempo para hacer todas las cosas que debo hacer?". Como lo dijo una madre, "¿De qué manera puedo implementar todas estas ideas maravillosas cuando en ocasiones ni siquiera tengo tiempo de preparar una comida bien hecha o de lavar la ropa?". Los problemas se agudizan aún más cuando ambos padres trabajan o en los hogares donde sólo hay un progenitor.

Además de la cantidad real de trabajo involucrada en la crianza infantil, un monto considerable de energía a menudo es absorbido por la preocupación. En su autobiografía, Golda Meier, anterior primera ministro de Israel, escribió acerca de la preocupación, culpa y estrés que había experimentado a causa de las demandas conflictivas entre trabajo y familia. Cuando se encontraba en el trabajo se preocupaba por sus hijos y, al estar en casa, su mente giraba en torno a las dificultades en su trabajo. En tales situaciones, una cierta cantidad de preocupación es inevitable; sin embargo, no es conveniente ni para nosotros ni para nuestros hijos dejarnos abrumar por ellas; es mucho mejor hacer algo para resolverlas.

FALTA DE PLANEACIÓN

El sentido común indica que cuando se tienen más cosas por hacer que tiempo para llevarlas a cabo, algo habrá de ceder. No debe ser el azar lo que determine qué será desatendido; más bien, es importante tomar una decisión consciente y deliberada. De lo contrario, prevalecerá la sensación de estar abrumado a causa de todas las cosas que faltan por hacerse, aun cuando desde un principio no había manera de efectuarlas. En ocasiones los niños son víctimas de este descuido, en otras son los padres, pero en ambos casos sufre toda la familia.

RESISTENCIA A LA PLANEACIÓN

Planear implica establecer metas y prioridades, asignar respon-sabilidades, designar tiempos, simplificar la vida, tomar decisiones conscientes. Este tipo de planeación no es una ciencia nuclear—los padres eficaces lo hacen de manera intuitiva—, pero con demasiada frecuencia no sucede. A continuación se describen algunas de las razones para ello.

Condicionamiento cultural

Por lo general, la cultura occidental valora el **hacer** más que el **pensar** o **planear**. Como consultor en escuelas y empresas, con frecuencia escuchaba a algún administrador o ejecutivo durante las reuniones de planeación decir que interrumpiéramos la junta para que todo el mundo pudiera regresar a trabajar. La planeación no era considerada como trabajo. Una queja común es que las juntas son un desperdicio de tiempo, pero sabemos que las reuniones con propósito y bien organizadas ahorran tiempo. De hecho, mientras más ocupado esté, con más cuidado debe planear; aunque eso le tomará algún tiempo, ahorrará mucho más. Sin embargo, como dijo un padre, "No tengo tiempo para planear. Ya estoy demasiado retrasado".

El mito de la espontaneidad

También existe lo que llamo **el mito de la espontaneidad:** algunas personas se sienten limitadas por un plan o un horario; le dan un enorme valor a la espontaneidad y se sienten constreñidos por la estructura. Pero cuando carecemos de un plan, en ocasiones se descuidan las cosas importantes y se realizan las secundarias. Así llega a sacrificarse la consistencia, misma que es muy importante para los niños. El propósito de planear es garantizar que las cosas que decimos son importantes realmente sucedan de una manera oportuna y consistente.

La planeación no es incompatible con la espontaneidad, la inspiración o la intuición. Si pasa cualquier cosa que nos haga pensar en desviarnos del camino trazado, basta con recordar que se trata de nuestro plan, por lo cual está en nuestra mano hacer lo que queramos. De hecho, tener un plan facilita la espontaneidad, ya que nos brinda la seguridad de una estructura a la cual acudir cuando lo necesitemos.

En cierta ocasión, el famoso director teatral ruso Konstantin Stanislavski advirtió a los actores que, dado que la inspiración llegaba en raras ocasiones, era esencial que dominaran lo fundamental. Esto destaca una idea falsa acerca de la manera en que trabajan los artistas y otras personas creativas: lejos de ser indisciplinadas, se encuentran entre las personas con más disciplina que uno pudiera llegar a conocer. Cuando alguien preguntó al famoso compositor Paul Hindermith cuándo componía, él contestó, "De nueve a cinco".

Ventajas de estar abrumado

Aunque protestemos y nos quejemos sobre cuán abrumados estamos, creo que a nivel inconsciente muchos nos mantenemos en esta posición debido a los beneficios ocultos. En primer lugar, permite que un padre se sienta como mártir y evoque compasión; es menos probable que las personas nos demanden algo si estamos abrumados. Tampoco tenemos que rendir tantas cuentas cuando cometemos errores u olvidamos hacer algo. Después de todo, ¿qué se puede esperar de nosotros si estamos así de agobiados? En ocasiones, a causa de esto, de manera inconsciente saboteamos nuestros esfuerzos por planificar, organizarnos y hacer que las cosas funcionen.

EXCESO DE SERIEDAD

Como padres, mostramos una inclinación a tomarnos todo demasiado en serio, de manera particular a nosotros mismos. Es probable que esta tendencia alcance su máxima expresión con la llegada del primer bebé y nunca desaparece por completo. Tomar decisiones suele llevarnos al límite de la agonía, como si la vida de nuestros hijos dependiera de cada una de ellas. En ocasiones somos concienzudos hasta la exageración; si hoy están marchando bien las cosas, nos preocupamos del día de mañana. Si estuviera en nuestra mano, viviríamos las vidas de nuestros hijos en lugar de ellos, buscando ahorrarles cualquier sufrimiento; en el proceso, por desgracia, creamos un ambiente pesado y muchas veces terminamos por convertirnos en una carga para nosotros mismos y para ellos.

Es indispensable tomar las cosas más a la ligera, eliminar el dramatismo y optar por la felicidad; crear un ambiente familiar lleno de risas, diversión y un poco de la simple trivialidad cotidiana de la vida. En ocasiones uno olvida los efectos benéficos de la risa, la forma en que fortalece el sistema inmunológico, combate la enfermedad y cuánto contribuye un tono positivo a la calidad de la vida.

Los niños son muy graciosos y, en ocasiones, también los adultos somos abiertamente cómicos. Nos haremos un enorme favor a nosotros mismos y a nuestros hijos si promovemos y cedemos a la risa en casa, en vez de tomarnos demasiado en serio. Los niños creen que es muy divertido que sus padres se rían, en especial cuando son capaces de reírse de sí mismos.

EXPECTATIVAS IRREALES

Conforme hacemos cambios o intentamos algo nuevo, es lógico que a veces terminemos desilusionados cuando las cosas no funcionan del todo bien o si no logramos resultados positivos de inmediato. Deberíamos saber por experiencia que el mundo real no funciona de esa manera. Esto puede ser en especial frustrante cuando hemos hecho planes que involucran a la familia completa y, de último minuto, alguno de los niños se rehúsa a participar, o si un cambio en la rutina familiar enfrenta una fuerte resistencia o cuando uno de los niños se comporta mal de alguna manera y surge algún conflicto familiar. Esos no son momentos para descorazonarse.

Las familias—al igual que grupos, organizaciones, ciudades y naciones—arrancan y se detienen, fallan unas cuantas veces y después arrancan de nuevo. Cuando se utiliza la palabra "regular" unida a cierta actividad o juego propuesto, es importante reconocer que sencillamente no sucederá todas las veces. En ocasiones la solución a un problema creará otro.

Es preciso comprometernos con la idea de que una filosofía, estrategia o buena idea no se abandonan sólo a causa de obstáculos o errores. Más bien, se trata de gajes del oficio y proporcionan nuevas oportunidades para pensar de manera creativa.

Tomar el control de su vida

Entonces, ¿qué debe hacer un padre? ¿Cómo se logra hacer todo en la cantidad limitada de tiempo disponible? La respuesta es tomar el control de la vida de uno; reconocer que algunas de las presiones que uno siente son autoimpuestas e innecesarias. Empiece reconociéndolas y deshaciéndose de ellas. Recuérdese a sí mismo que al margen de lo que deba hacer y cuán limitados sean sus recursos, siempre hay elecciones que es indispensable realizar y, al hacerlas, es posible reducir el estrés. Sin embargo, debe estar dispuesto a dejar de sentirse abrumado. Algunos padres siempre están abrumados; otros están "sub-brumados". Aquí, la meta es lograr que todo el mundo esté sencillamente "brumado".

Convertirse en padre profesional significa llegar a ser un padre más consciente. Implica reconocer que si se siente abrumado es un indicio de que está haciendo demasiado, de que se está comportando de manera ineficaz o ambos. A continuación se presentan algunas sugerencias para ayudarle a empezar a tomar un mejor control de su vida.

PREPARE UNA LISTA PRELIMINAR DE COSAS POR HACER

Tener en mente los detalles de todo lo que quiere o debe hacer es tanto estresante como ineficiente. El primer paso para que logre retomar el control de su vida es hacer una lista por escrito de todo lo que cree (o imagina) que deberá hacer en los próximos 90 días. Realice una "lluvia de ideas" para elaborar esta lista y hágalo de manera fluida, sin detenerse en ningún elemento. Si al echar un vistazo a su lista preliminar usted se da cuenta de que hay más por hacer que tiempo en el cual hacerlo—lo cual suele ser el caso—, reflexione acerca de la situación y elimine cualquier elemento que sienta que no es esencial. Si es algo que quiere hacer a la larga, colóquelo en una lista "futura".

PRIORICE Y PROGRAME

Durante esta etapa debe tomar decisiones conscientes y deliberadas en cuanto a las actividades/tareas que sean más importantes a fin de que no sean pasadas por alto, descuidadas o ignoradas. Seleccione las cosas que usted siente que **deben** hacerse en los próximos 30 días.

Prepare un calendario de 30 días y asigne días y bloques de tiempo específicos para cada actividad, utilizando lo que sabe acerca de la situación familiar, de su propia conducta y de las tareas implicadas. Esto se refiere a lo que usted de manera consciente piensa que son los días y horas más prácticas para lograr hacer las cosas de manera eficiente.

Al crear un plan escrito, a menudo encontrará que no hay tiempo suficiente para lograr todo lo que tenía en mente; cuando esto sucede, debe crear tiempo adicional o posponer o eliminar algo dentro de su programa.

CREACIÓN DE TIEMPO ADICIONAL

Extienda su día de trabajo

Por desgracia, muchos padres intentan ganar tiempo yéndose a dormir más tarde o levantándose más temprano. Esto no es recomendable; es lo que conduce a sentirse abrumado. Es mejor seleccionar una o más de las sugerencias descritas a continuación. Por supuesto, en una situación urgente, un día más largo siempre es una opción.

Cree más tiempo simplificando diversos aspectos de su vida

Si se diera a la tarea de seguir a alguien durante un día entero, encontraría que hay una cantidad de tiempo considerable desperdiciado o utilizado de manera ineficiente, mucho más del que cualquiera imaginaría. Lo anterior contribuye de manera significativa a nuestros sentimientos de estrés; unos cuantos ejemplos son:

- Demasiados viajes para realizar tareas o mandados que podrían combinarse

- Aplazar las cosas (procrastinación)

- Llamadas telefónicas innecesarias, largas o ambas

- No preparar las cosas para el día siguiente

- Acordar hacer algo que en verdad no desea o necesita hacer

- No concentrarse en una cosa a la vez y acumular una carga de tareas no realizadas

- No establecer prioridades

◆ Permitir demasiadas distracciones, como prender la televisión durante un descanso corto que entonces se convierte en uno largo.

Haga algunas cosas de manera menos detallada o frecuente

No todo debe hacerse con el mismo detalle o frecuencia. Es factible que decida programar actividades familiares cada dos semanas en lugar de una vez a la semana, limpiar la casa a fondo una vez al mes en vez de cada semana, ir a comprar comida sólo una vez por semana y así de manera sucesiva.

Delegue

Obtenga ayuda de su cónyuge, niños y familia extendida (abuelos, hermanos y otros familiares). La crianza infantil es una responsabilidad de tiempo completo, pero los padres no son los únicos capaces de fungir como proveedores de cuidados y ayudantes en la casa. Compartir las responsabilidades de la casa con los niños tiene diversos beneficios. Además de reducir la presión sobre los padres, brinda una oportunidad para que los niños adquieran ciertas habilidades y se sientan importantes. La familia extendida puede ayudar cuidando a los niños, dando clases de regularización y mucho más.

Haga un trueque

Haga un intercambio de ayuda con alguien más (p. ej., cuide a los hijos del vecino y a los suyos y después pida que hagan lo mismo por usted).

Pague para que le ayuden

Si es viable desde el punto de vista económico, pague para que alguien le ayude a manejar ciertas tareas a fin de reducir su carga de trabajo u obtener tiempo libre. Incluso si el dinero es un problema, sacrificar algo material para obtener ayuda con la casa o con los niños es un intercambio que vale la pena considerar.

Creación de redes

Cree o únase a algún grupo de apoyo en el que los padres se ayuden entre sí con algunas tareas por turnos y se apoyen mutuamente de diversas maneras.

Reduzca las preocupaciones innecesarias

Disminuya la cantidad de energía mental que dedica a las preocupaciones innecesarias acerca de sus hijos. Sí, el mundo es un sitio peligroso y hay muchas cosas acerca de las cuales inquietarse; por otra parte, usted puede hacerse la vida miserable las 24 horas del día alarmándose de manera improductiva e irreal. Una ayuda para reducir parte de esa preocupación estriba en distinguir entre actividades de alto y bajo riesgo, además de reconocer que no porque algo sea posible implica que sea probable. Concentre sus esfuerzos en áreas de alto riesgo y probabilidad. Minimice o elimine la ansiedad en el terreno de bajo riesgo y poca probabilidad.

Reduzca los efectos negativos de las falsas emergencias, interrupciones y distracciones

Algunas emergencias e interrupciones son imposibles de evitar y deben manejarse sin demora alguna; otras son irreales y no requieren de una respuesta inmediata, si acaso de alguna. Es preciso que los padres distingan entre ellas.

(El Apéndice A, Guía de recursos para padres, incluye la descripción de dos libros excelentes que contienen una abundante lista de ideas adicionales para ahorrar tiempo: *The Family Manager's Guide for Working Moms* [*Guía del administrador familiar para madres trabajadoras*] de Kathy Peel, y *Simplify Your Life With Kids* [*Simplifique su vida con los niños*] de Elaine St. James.)

PLANEACIÓN Y REVISIÓN CONTINUA

Dadas las posibilidades ya descritas para hacer nuestro trabajo como padres de manera más inteligente en lugar de más difícil, usted se encuentra en una posición para a) preparar un plan más realista, productivo y menos estresante, y b) evaluar resultados y hacer ajustes a lo largo del camino. La evaluación del programa implica ver lo que realmente se hizo en relación con lo que se planeó de manera original y decidir qué (si es que existe) pudo haberse hecho de mejor manera. Conforme dedique una mayor cantidad de tiempo al proceso, aumentará su habilidad y le será más fácil hacerlo.

En resumen

Siempre habrá conflictos entre las cosas que debe hacer para su familia, su carrera y su propio cuidado personal. Nunca estará en una circunstancia que le permita efectuarlo todo. El tiempo es limitado y las tareas a llevar a cabo son ilimitadas, pero sólo puede hacer lo que puede hacer. Contar con un esquema para tomar decisiones conscientes en cuanto a compensaciones, acuerdos y ajustes le facilitará las cosas, pero no va a ser nada sencillo. Requerirá de disciplina, práctica y perseverancia, pero vale la pena el esfuerzo. ¡Después de todo, si no funciona, siempre le será posible volver a sentirse abrumado!

Una reflexión final: sin importar lo bueno que llegue a ser para tomar el control de su vida, siempre habrá momentos en que se sienta abrumado. En estos momentos, haría bien en tomar en cuenta el siguiente consejo que me dio una madre: "Cuando todo se está yendo al diablo y me estoy sintiendo abrumada—hay platos en el fregadero, la cena está sin preparar, las compras pendientes, la casa en desorden, el bebé comienza a llorar, me duele la espalda y siento ganas de gritar—, he aprendido a detenerme, respirar profundo y preguntarme, '¿Qué es lo más importante que puedo hacer en este momento?'. Entonces tomo a mi bebita en brazos, me siento en la sala con ella en el regazo, descuelgo el teléfono y no hago nada más por un rato. Es sorprendente la manera en que después de eso las cosas parecen caer en su sitio".

Fortalecimiento de familias y escuelas

(Crear y fomentar un sentido de comunidad)

Familias

UN SENTIDO DE COMUNIDAD

De manera ideal, uno esperaría que las familias funcionaran como equipos, en el mejor sentido de la palabra, como en "esfuerzo en equipo" (todos se unen para el bien de todos), "juego en equipo" (un juego conjunto con la mutua asistencia de los miembros) o "trabajo en equipo" (varios asociados, cada quien haciendo su parte, subordinando la importancia personal a la eficacia de la totalidad). En la práctica, sin embargo, algunas familias parecen acercarse más a la definición de algo diferente: a uno o más animales atados juntos a una yunta.

John Gardner, anterior Secretario de Salud, Educación y Bienestar de EUA, en alguna ocasión dijo, "El problema con muchas de nuestras ciudades es que son campamentos de extraños, no comunidades". Ese factor también aqueja a con muchas familias. Con demasiada frecuencia, en nuestras sociedades modernas, complejas, aceleradas y de alta tecnología, las familias no siempre desarrollan un sentido de comunidad y los niños se pierden en el ajetreo. A fin de crear este sentido de comunidad, las familias necesitan involucrarse, hacer cosas juntas.

Las familias que hacen cosas en conjunto crean una camaradería, una cohesión. Aquellas que hacen cosas divertidas e interesantes en conjunto de manera regular crean tradiciones. Cuando han creado tradiciones, desarrollan un fuerte sentido de comunidad y muestran respeto, interés y apoyo mutuo. Los niños que crecen en familias con un fuerte sentido de comunidad son más resistentes a las influencias externas negativas, es más probable que se vean influidos por modelos de rol positivos dentro de la familia y de convertirse en ciudadanos emocionalmente sanos en casa, en la escuela y dentro de la sociedad general.

Valores esenciales

La fuerza de la familia emana de los padres y sus convicciones. Si no existe una filosofía, estrategia o enfoque coherente a la crianza infantil, y si los valores no son claros, la conducta de los padres suele ser inconsistente y confusa. Es necesario que los padres definan valores para sí mismos y que los enfaticen dentro de la familia a través de sus palabras y acciones. Si pensamos que los valores familiares son aquellos que comparten todos los miembros de la familia, se convierten en algo para lo cual bien vale la pena esforzarse.

Adoptar las cinco necesidades vitales como componente integral de los valores esenciales de la familia proporciona un esquema inapreciable que guía las interacciones de los padres con sus hijos y que sirve para evaluar su efectividad como padres. Además, hace mucho más que eso. Conforme los padres se tratan uno a otro en formas que satisfagan las cinco necesidades, se convierten en modelos de rol para los niños en cuanto a la manera de actuar en forma amorosa. Asimismo, a medida que logran comunicar que ellos como padres tienen las mismas necesidades y expresan sentimientos positivos cuando la conducta de sus hijos las satisface, tales comportamientos empezarán a convertirse en verdaderos valores familiares. Los niños se sentirán estimulados para empezar a pensar no sólo acerca de lo que se está haciendo o no en relación con ellos, sino también acerca de la manera en que su conducta impacta sobre los demás.

Dado que las cinco necesidades son relevantes a cualquier interacción entre individuos, las oportunidades para aplicarlas en la vida cotidiana resultan constantes. Así, a través de la práctica, la comprensión, apreciación y uso de los conceptos por parte de niños y padres crecerá sin duda alguna. Los niños comprenderán el impacto de su conducta sobre sí mismos y sus padres, así como sobre sus familiares, amigos, maestros y conocidos; tomarán en cuenta a casi cualquier persona con la que tengan contacto. Esto ayudará a fortalecer el sentido de comunidad entre los miembros de la familia y también proporcionará a los niños una perspectiva más amplia de lo que es una comunidad.

Sacrificio propio/cuidado propio/equilibrio

Casi todo el mundo concordará con que la crianza infantil implica sacrificio y abnegación; sin embargo, existe un punto en que ambas cosas se pueden llevar a un extremo perjudicial para padres e hijos. Si una persona se deja obsesionar con sus responsabilidades como padre al punto de estar tensa, exhausta o irritable gran parte del tiempo, en realidad se causa un daño a sí misma, a sus hijos y probablemente a su matrimonio. No es necesario hacer cosas para y con nuestros hijos todo el tiempo; dar a los niños **cierto tiempo a solas** para que se manejen por sí mismos—para su propia diversión, interés, exploración y descubrimiento—a menudo es una parte importante de su crecimiento. Con frecuencia, lo que impacta de manera poderosa a los niños acerca de su infancia es si su hogar era un sitio feliz y relajado—esto es, si era divertido estar con mamá y papá, en vez de vivir un ambiente familiar lleno de tensión, preocupación y confusión.

Por más importante que sea cuidar y nutrir a nuestros hijos, es igual de crucial cuidar de uno mismo; ambas cosas están relacionadas de manera estrecha. Sí, los padres deben efectuar ciertos sacrificios en pro de sus hijos, pero esto no significa que renuncien a todas sus metas o deseos personales. Tenemos que aprender a sacrificarnos sin hacerlo por completo. Para algunos, esto quizá signifique quedarse en casa de tiempo completo; para otros, representará una carrera de medio tiempo o de tiempo completo. En todos los casos implica encontrar cierto tiempo libre de culpa para intereses personales como contactos sociales, viajes, deportes, ejercicio, leer, estar a solas, hacer trabajo caritativo, etc. Es sano que tanto padres como hijos tengan tiempo para estar a solas.

De manera deliberada, los padres necesitan buscar el mayor equilibrio posible entre trabajo y casa, trabajo y descanso, tiempo juntos y tiempo a solas a fin de lograr una familia emocionalmente feliz con un fuerte sentido de comunidad.

LOS PRIMEROS CINCO AÑOS DE VIDA

Muchos padres nuevos están tan emocionados y llenos de júbilo ante el nacimiento de su primer hijo, que la complejidad y enormidad de la tarea de criarlo no les impacta de inmediato; sin embargo, pronto empiezan a enfrentar las realidades de 24 horas de constante responsabilidad y cuidados para el recién nacido.

Al prepararse para el acto de dar a luz, en ocasiones los padres pasan meses del embarazo en clases, grupos de discusión y leyendo acerca de los aspectos físicos del nacimiento, lo cual es un tiempo bien invertido. Aprenden acerca de algunas de las dificultades que enfrentarán y toman medidas para evitarlas mediante dietas, acondicionamiento físico y ejercicios de relajación. La preparación para satisfacer las cinco necesidades vitales del niño también debe iniciar durante el embarazo, junto con la conducta para satisfacerlas, y continuar a lo largo de la infancia y más allá.

Dado el acuerdo general entre los expertos en cuanto a la importancia de los primeros años en el sano desarrollo de los niños, lograr que tengan un buen comienzo debería ocupar un lugar preponderante en nuestras mentes. Un dato significativo en este sentido es que la Red de Servicios Perinatales, bajo los auspicios de la First 5 Comission (Comisión de los Primeros 5) (un programa estatal de California), compró 60 000 ejemplares de *Cómo criar niños emocionalmente sanos*, mismos que se están distribuyendo entre los padres de niños recién nacidos por parte de proveedores de cuidados infantiles en 19 hospitales e incorporando en varios programas de educación para padres.

El African American Peer Counseling Project (Proyecto Afroestadounidense de Orientación de Pares) es un ejemplo de la forma en que una organización ha integrado los conceptos de un programa de educación para padres dentro de sus planes de estudio. En cada sesión de un programa de cinco partes, los padres aprenden porqué y cómo satisfacer una de las cinco necesidades. Como escribe la coordinadora del programa: "Debido a que su libro le pide a los lectores examinar su propio pasado y expresar la manera en que se sentían cuando eran niños, se abrieron las compuertas de sentimientos que nunca antes se habían analizado. A los padres les ha permitido abrirse ante la posibilidad del cambio. Las mujeres se sienten fortalecidas por su libro y están tomando los pasos necesarios para asegurar que están criando niños emocionalmente sanos."

El Departamento de Psicología Prenatal y Perinatal del Santa Barbara Graduate Institute (Instituto Santa Bárbara de Postgrado) ha preparado un resumen que describe la forma en que los padres de lactantes pueden satisfacer cada una de las cinco necesidades. (*Véase el Apéndice J*—Las cinco necesidades emocionales de los bebés). Así también, véase el Apéndice J en cuanto a importantes recursos relacionados con los bebés.

ADOLESCENTES

Adoptar las cinco necesidades vitales y un enfoque profesional a la crianza infantil al principio de la vida de un niño será de gran utilidad para reducir los problemas que los padres experimentan cuando sus hijos llegan a la adolescencia. Sin embargo, aun en los casos en que este enfoque se inicia de manera tardía, hay muchos beneficios factibles.

Los adolescentes pueden llegar a reconocer que sus padres no son sus adversarios; que cada noche, antes de irse a la cama, no crean una lista llamada "De cuántas maneras puedo hacerle la vida miserable a mi hijo el día de mañana"; por el contrario, los jóvenes aprenden que sus padres tienen las mismas cinco necesidades vitales que ellos. Y que, en ocasiones, aunque por lo general intenten obrar con los intereses de sus hijos en mente, no son perfectos ni siempre toman las decisiones correctas.

Al comprender y aceptar que sus padres son falibles, los adolescentes aprenden que la mejor manera de resolver las diferencias y conflictos es a través de la discusión, los acuerdos y, sí, en ocasiones, aceptar la autoridad parental. Los jóvenes se darán cuenta de que al participar en este esfuerzo por satisfacer las cinco necesidades de sus padres, lograrán una mejor convivencia y obtener más de lo que ellos quieren. Así, por ejemplo, si entienden la necesidad de los padres de sentirse seguros acerca del hecho de que sus hijos estén protegidos, les será fácil ver que no sirve de nada decir "Te prometo que no voy a tener un accidente", cuando quieren tomar prestado el auto familiar. Decir algo así no resulta tranquilizador ni aumenta las probabilidades de que el adolescente obtenga el permiso que quiere.

De igual importancia es que los padres compartan más de sus sentimientos y valores de manera directa con sus hijos, además de hacerles saber cómo desean ser tratados. Los padres tienen la responsabilidad de comunicar sus necesidades emocionales para que los adolescentes puedan escucharlas y comprenderlas. Los adolescentes se sienten más seguros cuando observan que ambos están de acuerdo en cuanto a la crianza que imparten y se comprometen a tratarse entre sí y a sus hijos en formas que satisfagan las cinco necesidades vitales.

Una de las metas y resultados anticipados para todos los hijos, no sólo para los adolescentes, de crecer en una familia donde se enfatiza la satisfacción de las necesidades emocionales de todos, será un alejamiento del egocentrismo. Los niños aprenderán la importancia y el valor de interactuar con sus padres, hermanos y otros en formas que contribuyan a la satisfacción de las necesidades emocionales de todos. No sólo eso, esta filosofía y actitud perdurarán hasta la adultez, de modo que cuando ellos se conviertan en padres, sus propios hijos se beneficiarán.

ABUELOS

Los abuelos pueden contribuir de manera importante a la riqueza de la vida familiar como miembros activos de la familia extendida. Los nietos se benefician del afecto, regalos, historia familiar, narración de historias, tutoría, consejo, viajes vacacionales, celebraciones familiares y perspectivas acerca de las diversas etapas de la vida que sus abuelos están en posición de brindarles. Los padres se benefician de que los abuelos les den apoyo, en forma de aliento y consejos, ayuda con los niños, y quizá apoyo económico para diversas necesidades y lujos.

Sin embargo, como en toda relación, llegan a surgir problemas. Por ejemplo, los abuelos que están visitando a sus hijos y nietos tal vez critiquen la manera en que se está criando a sus nietos; señalando quizá la falta de disciplina, recámaras desordenadas, falta de educación, permisividad, que hablen demasiado o demasiado poco . . . críticas que a menudo se expresan sin tacto o en momentos inadecuados. Así también, suele suceder que cuando los abuelos cuidan de sus nietos hacen cosas contrarias a las instrucciones explícitas de los padres, como no llevarlos a la cama a tiempo, darles demasiados dulces, dejarlos ver programas prohibidos en la televisión y así por el estilo. Esto no es el fin del mundo y muchos padres se adaptan a ello sin dificultad. En ocasiones su política es que, en todo caso, los abuelos no pasan gran cantidad de tiempo con los nietos, de modo que está bien que los consientan un poco. Sin embargo, para otros padres ocasiona grados diferentes de estrés y frustración, lo que conduce a relaciones tirantes, lo que incluye reducción en la comunicación, socialización o apoyo.

Es posible que aquellos a quienes no les agrade la sensación de "caminar de puntitas" durante las visitas, quieran considerar maneras de mejorar la relación. De modo que, por ejemplo, inicien un proceso de confrontación de diferencias de una forma que resulte constructiva. Como primer paso, sugiero que tanto padres como abuelos lean *Cómo criar niños emocionalmente sanos* y que hablen acerca de los conceptos ahí expuestos. El siguiente paso sería establecer una sesión de retroalimentación familiar entre adultos para reunirse una o dos veces por mes en un entorno cómodo, durante una o dos horas, sin interrupción. El propósito sería compartir sentimientos e ideas relacionados con la pregunta, "¿Qué vemos los unos en los otros, o en nosotros mismos, que esté obstaculizando a ayudando a crear un ambiente sano y feliz para los niños y nosotros mismos?" (El proceso se describe en el capítulo 4, Estrategia #3). Las siguientes son unas cuantas pautas para tener reuniones productivas:

◆ Como padres y abuelos, ustedes tienen las mismas cinco necesidades vitales que los niños, así que interactúen entre sí en formas que las tomen en cuenta; cuando esto se lleve a cabo, aumentarán las probabilidades de que obtengan resultados positivos.

◆ A fin de evitar relaciones antagónicas, recuerde que el propósito no es probar un punto, ganar una pelea o asignar culpas, sino más bien desarrollar una comprensión mutua acerca de la fuente de las fricciones y de las posibles soluciones.

◆ Adopte la actitud de que los abuelos tienen buenas intenciones, es decir, sus críticas son un intento de señalar algo que, en su opinión, no es bueno para los niños.

◆ Acepte que tienen derecho a tener una opinión propia, aun cuando usted esté en fuerte desacuerdo con ella; por tanto, no la descarte, ignore, ni trivialice. Muestre que ha escuchado y después presente su propio punto de vista; participe en un intercambio de este tipo. Escuche de manera activa, más de lo que hable o al menos en igual proporción.

◆ Al finalizar la reunión, exprese su agradecimiento por haber recibido una retroalimentación franca y, siempre que sea posible, indique qué resultados podrían darse.

Recuerde, la prueba de carácter para una familia o cualquier relación no es la ausencia de estrés, fricción o conflictos, sino la manera en que se manejan. Además, conviene que quienes hoy son padres tengan en mente que algún día serán abuelos; todo esto puede ser un buen entrenamiento para su futuro papel.

FAMILIAS DE UN SOLO PROGENITOR

Gran parte de lo descrito en el presente libro también aplica a las familias monoparentales. En muchas maneras, es aún más crucial que el padre o madre solteros tengan una filosofía esencial de las cinco necesidades vitales como fundamento de crianza. Tener más responsabilidades y menos tiempo para dedicar a los niños hace que sea vital maximizar el tiempo que pasan juntos—las cinco necesidades proporcionarían una estructura para interacciones más positivas y consistentes—. Así también, a pesar de las presiones y limitaciones de tiempo, el progenitor único no debe pasar por alto lo que se afirmó en la sección de cuidados propios y de búsqueda de un estilo de vida más equilibrado. Aunque sin duda es más difícil, todavía es posible y necesario que el padre o madre solteros creen tiempo para socializar y pasar tiempo a solas. Crear redes con otros padres (p. ej., uniéndose a un grupo de apoyo para padres, como se describe en el capítulo 4, Estrategia #12) es algo que valdría la pena.

PADRES EN SEGUNDAS NUPCIAS

A causa de la elevada tasa de divorcios y la gran cantidad de subsiguientes matrimonios, la crianza infantil en segundas nupcias se ha convertido en un tema importante. Muchos padrastros e hijastros encuentran que la situación es incómoda y difícil; vivir con los hijos de alguien más puede ser complicado y frustrante, lo cual se suma a las presiones normales de un segundo matrimonio. Aquí, la estructura de las estrategias descritas en el capítulo 4 ofrece a los padres en esta circunstancia una manera más cómoda y efectiva de crear relaciones positivas con los hijos de su cónyuge. A menudo los métodos tradicionales de imposición de autoridad parental resultan contraproducentes. Las relaciones positivas entre padres e hijos exigirán paciencia, un énfasis en satisfacer las necesidades emocionales de los niños y no reaccionar de manera exagerada a la ocasional conducta negativa. Recuerde, se trata de un periodo de transición y aprendizaje. Las actividades familiares descritas en el capítulo 1, bajo Inclusión y Seguridad, son de utilidad para aprender los unos de los otros. Una vez que haya terminado de leer este libro, una idea conveniente sería sugerir que los preadolescentes y adolescentes en la familia lo lean y después entablen una consideración con usted, aunque no debería obligárseles a hacerlo.

EN RESUMEN

En la actualidad se habla mucho acerca de la disolución de la familia dentro de la sociedad; de la falta de cohesión, cercanía y valores familiares. Es evidente que existen elementos poderosos que ejercen influencia sobre los miembros de la familia y que halan de ellos en direcciones distintas. Es preciso que usted tenga una clara visión de cómo desea que sea su vida familiar y un enfoque comprometido a lograrlo. En esencia, se requiere de atención, tiempo y esfuerzo. Las fantasías y los buenos deseos por sí mismos no servirán de nada. Pensar acerca de ello y planearlo sí.

Si pensamos acerca de la familia como comunidad—como comunidad de aprendizaje—adoptamos una perspectiva distinta; no sólo se trata de padres criando a sus hijos, sino también de niños que crían a sus padres, todos aprendiendo los unos de los otros; significa saber cómo trabajar y cómo jugar, cómo reír y cómo llorar, cómo estar juntos y cómo estar solos, cómo escuchar y cómo hablar, cómo amar y cómo ser amado. Esas son cosas que no se aprenden sólo de los libros o de los buenos maestros, pues aunque ambos factores son de ayuda, el verdadero aprendizaje tiene lugar al participar en una comunidad y al reconocer que ésta no es un deporte para espectadores. Significa involucrarse unos con otros, en ocasiones con dificultades y dolor, pero también con tareas interesantes, inspiradoras y placenteras, en un entorno que además mantiene a la diversión y las risas como prioridades.

Tomar decisiones conscientes, tener un plan, ser estudiantes de nuestra propia conducta y cultivar una actitud experimental aumentará las probabilidades de que lleguemos a convertirnos en el tipo de familia que nos gustaría ser.

Adoptar las cinco necesidades vitales como valor familiar será un factor importante en la creación de un contexto emocionalmente sano en el cual tratar de alcanzar todas nuestras metas.

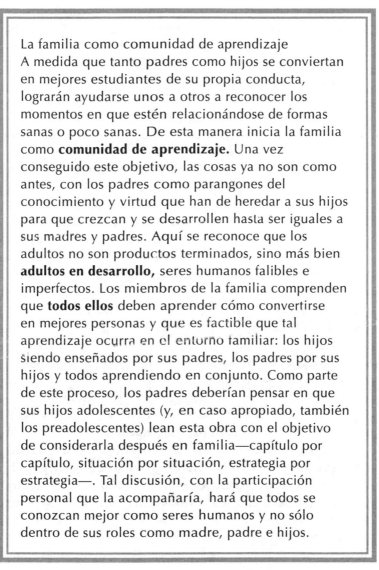

La familia como comunidad de aprendizaje
A medida que tanto padres como hijos se conviertan en mejores estudiantes de su propia conducta, lograrán ayudarse unos a otros a reconocer los momentos en que estén relacionándose de formas sanas o poco sanas. De esta manera inicia la familia como **comunidad de aprendizaje.** Una vez conseguido este objetivo, las cosas ya no son como antes, con los padres como parangones del conocimiento y virtud que han de heredar a sus hijos para que crezcan y se desarrollen hasta ser iguales a sus madres y padres. Aquí se reconoce que los adultos no son productos terminados, sino más bien **adultos en desarrollo,** seres humanos falibles e imperfectos. Los miembros de la familia comprenden que **todos ellos** deben aprender cómo convertirse en mejores personas y que es factible que tal aprendizaje ocurra en el entorno familiar: los hijos siendo enseñados por sus padres, los padres por sus hijos y todos aprendiendo en conjunto. Como parte de este proceso, los padres deberían pensar en que sus hijos adolescentes (y, en caso apropiado, también los preadolescentes) lean esta obra con el objetivo de considerarla después en familia—capítulo por capítulo, situación por situación, estrategia por estrategia—. Tal discusión, con la participación personal que la acompañaría, hará que todos se conozcan mejor como seres humanos y no sólo dentro de sus roles como madre, padre e hijos.

Escuelas

Después de la familia, es probable que las escuelas tengan la mayor influencia en cuanto a satisfacer las cinco necesidades vitales de los niños; por desgracia, las escuelas están igual de cargadas de dificultades que las familias. Los problemas de bajo aprovechamiento, fondos insuficientes, ánimo decreciente de alumnos y maestros, así como relaciones deficientes entre padres y maestros persisten de una década a la otra y la insatisfacción expresada por casi todos está acompañada de demandas cada vez más insistentes de la importancia de efectuar un cambio.

Nunca ha habido una mayor necesidad de contar con modelos educativos económicos que ofrezcan cambios positivos y constructivos fundamentales y sistemáticos, más que superficiales o limitados. Debido a la diversidad de escuelas y a la constante presión sobre alumnos, padres, maestros y administradores, se necesitan modelos que crucen los límites geográficos, étnicos y socioeconómicos, mismos que establezcan relaciones cooperativas y de amistad entre todos los principales interesados y un sentido de propiedad dentro de nuestras escuelas. El Children's Project (Proyecto de los niños) fue diseñado con este propósito.

EL CHILDREN'S PROJECT (PROYECTO DE LOS NIÑOS) Y LAS CINCO NECESIDADES VITALES

A pesar de todas las discusiones acerca del cambio, casi no se ha dicho nada acerca del fracaso para satisfacer las cinco necesidades vitales de los niños; sin embargo, éste continúa siendo uno de los problemas más serios que pone en peligro el futuro de nuestros hijos y de nuestra sociedad. Para empeorar las cosas, la comunidad educativa y quienes dictan las políticas parecen no estar al tanto del problema. El propósito principal del Children's Project es llenar este preocupante vacío.

El Children's Project es un esfuerzo de base, no comercial iniciado por Deborah Newmark, Directora ejecutiva y por mí mismo, el cual está basado en el presente libro, *Cómo criar niños emocionalmente sanos*. Es un modelo para un concepto de "escuela conducente a la salud emocional" aplicable a cada nivel educativo y que incluye a todo tipo de escuela, programa y población. Su influencia puede ser trascendental porque el concepto de las cinco necesidades vitales es fundamental y contribuye al éxito en la escuela, el trabajo, el matrimonio y la vida en general.

VISIÓN

Nuestra visión es la de una escuela en que padres y maestros trabajen de manera individual y conjunta para satisfacer las necesidades emocionales de los niños en casa y en la escuela; donde los adultos interactúen con los niños, y entre sí, de maneras emocionalmente sanas. Esta obra proporciona un lenguaje común—el de las cinco necesidades vitales—para reunir a la casa y a la escuela, al padre y al maestro, de modo que refuercen los esfuerzos de cada cual para proporcionar a los niños una fundamentación emocional que los lleve al éxito.

Sólo imagine el impacto que tendría sobre el aprendizaje emocional, intelectual y social de los niños que todos los maestros dentro de la misma escuela (desde nivel preescolar hasta medio superior), año tras año, satisficieran las mismas necesidades emocionales de los niños que los padres estuvieran atendiendo en casa.

A medida que los niños experimentaran lo que es sentirse **respetados, importantes, aceptados, incluidos** y **seguros** a lo largo de su vida escolar (lo opuesto a lo que la mayoría de ellos experimenta en la actualidad), y que estas necesidades se convirtieran en un valor en el hogar y en la escuela, se incrementarían de manera significativa las probabilidades de que los niños se conviertan en individuos seguros de sí mismos, independientes, pensantes, interesados y comprometidos desde el punto de vista social.

PROGRAMA DE ENSEÑANZA/APRENDIZAJE

A continuación, se presentan los elementos básicos del programa de enseñanza/aprendizaje que se recomienda para utilizar el libro en escuelas.

Cada padre y maestro recibe un ejemplar gratuito de *Cómo educar niños emocionalmente sanos* por parte de la escuela patrocinadora. Se les alienta a participar en las siguientes actividades:

Padres

(1) Aprender al hacer—Leer el libro y empezar de inmediato a implementar los conceptos en sus interacciones cotidianas con sus hijos.

(2) **Crianza conciente**—Llevar un diario/convertirse en estudiantes de su propia conducta.

Al final de cada día, se toman aproximadamente 15 minutos para completar un cuestionario breve acerca de sus contribuciones a la satisfacción de cualquiera de las cinco necesidades vitales de sus hijos y acerca de lo que aprendieron acerca de su propia conducta. Este aprendizaje es una guía para las interacciones futuras.

(3) **Apoyo muto**—Grupo de apoyo para padres

Los padres se reúnen en grupos pequeños durante seis sesiones semanales para compartir información, hacer preguntas, presentar problemas, dar y recibir retroalimentación, y para intercambiar ideas—aquellos que lo deseen pueden seguir teniendo sesiones a lo largo del año. En ocasiones, un orientador capacitado o un facilitador guían al grupo; en otras ocasiones, puede ser un maestro, un líder no profesional o bien tratarse de un grupo sin líder. (Nosotros les podemos proporcionar una Guía para el facilitador sin costo adicional.)

Maestros

Usar los conceptos de **Aprender al hacer** y **Crianza conciente** en sus salones de clases, recomendar a los padres que participen en los grupos de apoyo, llevar a cabo orientaciones ocasionales con los padres para conferir con ellos de manera individual según sea necesario.

Estudiantes a nivel medio, medio superior y universitario

Proporcionar seminarios acerca de las Relaciones Padres-Hijos a los alumnos. Los estudiantes asisten a conferencias breves y discusiones acerca de las mismas, participan en ejercicios interactivos, leen el libro, escriben reportes de lectura y discuten el material. Los estudiantes se han mostrado positivos acerca del valor del material para cuando se casen y tengan hijos propios—además de serlo en sus relaciones actuales con sus padres, compañeros de estudio, amigos y otros significativos.

EN RESUMEN

Los padres que leen este libro para mejorar su efectividad en la crianza infantil de manera invariable reconocen la importancia que tiene para su propia relación de pareja, es decir, ven el valor de tratarse unos a otros con las cinco necesidades vitales en mente. De esta manera, los niños se benefician no sólo de ser tratados de maneras emocionalmente sanas, sino también de observar la manera en que sus padres interactúan entre sí.

Al llegar a la escuela, los estudiantes estarán mejor preparados para aprender e interactuar con los demás. Facilitarán la tarea de los maestros. Si el maestro adopta las cinco necesidades vitales como valor para el salón de clases, el desarrollo de sus alumnos será más rápido y profundo, en especial si esto continúa en todas las clases hasta el momento en que el estudiante se gradúe. Por supuesto, esto hará que el trabajo de los padres en casa también se facilite en gran medida. Conforme las relaciones padres-alumnos-maestros se estrechen, todo el mundo gana; una colaboración de méritos considerables. (Para una perspectiva de educación media superior que hace justicia al concepto de las cinco necesidades vitales, de sentirse **respetados, importantes, aceptados, incluidos** y **seguros,** véase el Apéndice K, **El papel de la educación media y media superior en una sociedad democrática y cambiante.**)

Reflexiones finales

A medida que nos adentramos en el futuro, es evidente que el progreso tecnológico ha sobrepasado con mucho al que ha ocurrido en las relaciones humanas. A pesar de los milagros en tecnología, ciencias y medicina, cuando se trata de las relaciones humanas hay aspectos en los cuales parece que seguimos viviendo en el Oscurantismo. Encontramos conflictos a cada nivel de la sociedad: familia, comunidad, ciudad, país, el mundo entero. Es un "lujo" que ya no podemos darnos; nunca pudimos.

Pero, ¿dónde comenzar? Como individuos, a menudo nos sentimos abrumados al pensar en los problemas de nuestro país y del mundo. No obstante, podemos y debemos contribuir si nos enfocamos en donde tendremos un mayor e inmediato impacto: con nosotros mismos, nuestros hijos, familias, escuelas, vecindarios y comunidades.

Al enfocarnos en nuestros propios hijos, empecemos mediante fortalecer los vínculos entre los padres. De manera simultánea, es preciso que extendamos ese amor a nuestros hijos tratándolos de la misma manera. No sólo eso, involucrémonos con nuestras escuelas y ayudémoslas a que desarrollen el mismo sentido de comunidad que intentamos desarrollar dentro de nuestras familias.

Asimismo, debemos extendernos hacia afuera. Aun cuando no contemos con una gran familia extensa, podemos extenderla amando a todos los niños. Es vital que hagamos eso no sólo por nuestra humanidad, sino porque es en beneficio de nosotros mismos. Con los millones de niños "en riesgo" dentro de la sociedad actual, todos estamos en riesgo; mientras se perpetúe esta situación, no importa cuán bien "acomodados" estemos, no habrá manera de protegernos a nosotros mismos ni a nuestros hijos del delito, violencia y caos que existen en demasiadas de nuestras escuelas, comunidades y ciudades.

Entonces, sí, debemos amar no sólo a nuestros propios hijos, sino a todos los niños; incluyendo a aquellos que viven al otro lado de la calle, en la siguiente cuadra y al otro lado de la ciudad y en otros países. Pero ¿qué quiere decir "amar a todos los niños"? ¿Tiene implicaciones prácticas? No significa que cada que veamos a un niño nos detengamos y le digamos, "Oye, pequeño, te quiero", pero sí implica que tratemos a todos los niños de manera amorosa.

Significa que cada contacto con un niño, incluso uno casual, es una oportunidad para actuar con cortesía y respeto y no hablar de manera condescendiente. Conlleva que cuando vea a un padre y su hijo en el supermercado y salude al padre, también lo haga con el niño. Cuando los menores se encuentren junto con nosotros durante una cena u otra reunión social con amigos y familiares, no debemos ignorarlos, más bien, es indispensable mostrar interés hacia ellos e incluirlos en algunas de nuestras conversaciones, cuidando de no presionarlos a que actúen frente a los demás en contra de su voluntad.

Quizá podríamos ir más lejos y convertirnos en sus mentores, pagando para que el niño vaya a un campamento de verano o proporcionándole apoyo continuo, tal vez para algún menor en riesgo. Otra opción sería adoptar a alguno de ellos o convertirnos en padres sustitutos. A otro nivel, tal vez alguien decida unirse a los esfuerzos para luchar en contra del hambre, del abuso infantil, de las drogas o participar en otras causas en pro de los niños. Cuando el hecho de que sí somos los cuidadores de nuestro hermano se convierta en parte de nuestra mentalidad—es decir, que todos los niños son nuestros niños —encontraremos formas de convertirlos en parte significativa de nuestros pensamientos y vida cotidianos.

Familias y escuelas deben unirse a fin de hacer de los niños la prioridad principal y, guiados por una ética de amor y pragmatismo, pasar de manera vigorosa y determinada de las palabras a las acciones. Al crear un ambiente positivo en el que la gente interactúe con los demás de maneras que hagan que todo el mundo se sienta **respetado, importante, aceptado, incluido** y **seguro,** nos convertiremos en una fuerza poderosa que impulse a crear una salud emocional y grandes logros para niños, familias y escuelas . . . tanto los nuestros como los de los demás. Y, quién sabe, si una cantidad suficiente de nosotros nos involucramos, tal vez, incluso, podamos cambiar al mundo.

Epílogo

El Gran Dictador (1940)
de Charlie Chaplin

(Fragmento del discurso de despedida del dictador accidental
al final de la película).

Lo siento, pero no quiero ser emperador. No quiero regir ni conquistar a nadie.

Me gustaría ayudar a todo el mundo, de ser posible—judíos, gentiles, hombres negros, blancos . . .

Todos queremos ayudarnos los unos a los otros. Los seres humanos son así.

Queremos vivir en función de la felicidad del otro, no de su miseria . . .

El camino de la vida puede ser bello, pero hemos perdido ese camino.

La avaricia ha envenenado el alma de los hombres, ha dividido al mundo con odio,

nos ha hecho marchar hacia la miseria y la matanza.

Nos hemos vuelto veloces, pero nos hemos aislado.

La maquinaria que nos da abundancia, nos ha dejado menesterosos.

Nuestros conocimientos nos han hecho cínicos; nuestro ingenio, duros e insensibles.

Pensamos demasiado y sentimos muy poco.

Más que maquinaria, necesitamos humanidad.

Más que ingenio, necesitamos bondad y gentileza.

Sin estas cualidades, la vida se tornará violenta y todo estará perdido.

Guía de recursos para padres (Herramientas para un aprendizaje vitalicio)

De entre las muchas excelentes publicaciones disponibles acerca de la crianza infantil, a continuación se presenta una selección de un número limitado que representa una teoría sólida y que está orientado a la acción. El lector encontrará ahí información valiosa, así como una gran variedad de actividades y proyectos que los niños pueden llevar a cabo por sí mismos, con otros o con la familia completa. Abarcan todos los niveles de edad y contribuyen a la satisfacción de una o más de las necesidades emocionales vitales de los niños. Muchos de estos libros están disponibles en edición rústica, en bibliotecas, librerías o a través de Amazon.com— incluyendo libros económicos y ediciones agotadas—.

Recursos para el aprendizaje

Ames Louise Bates, Ilg Frances L. (Serie acerca del crecimiento y desarrollo infantil, con otros colaboradores: Haber, Carol Chase y Baker, Sidney M.)

Las doctoras Ames e Ilg son autoridades reconocidas a nivel mundial en conducta y desarrollo infantil. Bajo los auspicios del Gesell Institute of Human Behavior (Instituto Gesell de Conducta Humana), que cofundaron en 1950, han escrito una serie magistral de 10 volúmenes acerca de la conducta y desarrollo infantil. Los primeros 9 abarcan las edades de 1 a 9 años (un libro por año) y el décimo aborda de los 10 a 14 años de edad. Estos textos describen el desarrollo físico, emocional y psicológico de los niños de manera informativa e interesante, asimismo, ofrecen gran cantidad de consejo práctico y experto en cuanto al manejo de la conducta infantil. Esta serie es un excelente recurso para ayudar a los padres a comprender mejor a sus hijos a lo largo de las distintas etapas de su vida.

Benson L., Galbraith J., Espeland P. *What Kids Need to Succeed.* Minneapolis: Free Spirit Publishing, 1995. (167 pp.)

Basado en un estudio a nivel nacional, este libro describe 30 atributos positivos—cosas buenas que necesitan los jóvenes— y más de 500 sugerencias para desarrollarlos en casa, en la escuela y en la comunidad. Representan una amplia variedad de actividades que pueden hacer por sí solos, con la familia y con otros, mismas que contribuirán al desarrollo de sensaciones de logro, autoestima y servicio en los niños.

Bell R., Wildflower L.Z. *Talking With Your Teenager.* New York: Random House, 1983. (127 pp.)

Los autores enfatizan que la buena comunicación entre los padres y sus adolescentes se facilitará si los padres se concientizan acerca de lo que sus hijos están experimentando durante su adolescencia. Esta obra brinda información detallada acerca de la pubertad, salud emocional, sexualidad, abuso de drogas/alcohol y trastornos alimentarios, a fin de que los padres consideren estas cuestiones con sus hijos de manera informada y compasiva. Comparten con los lectores sugerencias provenientes de un gran número de padres para mejorar las interacciones entre padres e hijos adolescentes.

Brazelton T. Berry. *Touchpoints: Your Child's Emotional and Behavioral Development.* Reading, Mass.: Perseus Books, 1992. (479 pp.) [Publicado en español con el título *Su hijo: Momentos clave en su desarrollo.* Grupo Editorial Norma, 1994.]

A nivel internacional se reconoce al Dr. Brazelton como el experto quizá más informado en el campo del desarrollo infantil. Sus años de experiencia como pediatra, investigador y maestro le otorgan las cualidades únicas para proporcionar a los padres una comprensión del desarrollo infantil desde los puntos de vista físico, cognoscitivo, emocional y conductual. Este libro contiene una riqueza de información que ayudará a los padres a lidiar de manera eficaz con los problemas de la crianza infantil, al mismo tiempo que reduce la ansiedad y estrés de los padres para permitirles que eviten problemas a futuro.

Curran Dolores. *Traits of a Healthy Family*. New York: Ballantine Books, 1983. (315 pp.)

La autora encuestó a 500 profesionales—maestros, médicos, pastores, líderes de Boy Scout y Girl Scout, trabajadores sociales y otros—para encontrar las 15 características que con más frecuencia forman parte de las familias sanas. En lugar de enfocarse en los problemas, este libro se centra en la fortaleza de la familia. Como tal, resulta un recurso valioso para evaluar las fortalezas de la propia familia y es una fuente de ideas y acciones para fortalecerla aún más.

Davis L., Keyser J. *Becoming the Parent You Want to Be: A Sourcebook of Strategies for the First Five Years*. New York: Broadway Books, 1997. (426 pp.)

Se trata de un amplio texto que abarca los primeros cinco años de la infancia. A fin de facilitar la tarea del aprendizaje vitalicio, los autores presentan nueve principios para guiar la travesía que es la crianza infantil. Es un recurso de uso fácil para las familias que provee una gran cantidad de información acerca del desarrollo con la meta de ayudar a los padres a comprender la conducta de sus hijos. Ofrece muchas respuestas concretas a las preguntas inmediatas relacionadas con comida, sueño, disciplina, conflictos, berrinches y cientos de otras inquietudes. También ayuda a los padres a definir sus propias metas y a aprender a utilizar su creatividad para la resolución de problemas.

Gordon Thomas. *P.E.T. Parent Effectiveness Training: The Tested Way to Raise Responsible Children.* New York: Plume, 1975. (329 pp.) [Publicado en español con el título *PET Padres eficaz y técnicamente preparados.* Editorial Diana, 1977.]

Publicado por primera vez en 1970, es uno de los libros más leídos y comprensibles acerca de la capacitación para padres. Con su lenguaje claro, énfasis en habilidades específicas y métodos utilizables, sigue proporcionando a los padres ayuda práctica para lidiar con los problemas de la crianza infantil y su prevención. Los padres han aprendido que es fácil utilizar el libro para desarrollar sus habilidades por sí solos, sin necesidad de tomar las clases PET. La mayor parte de este excelente material da a los padres herramientas adicionales para satisfacer las cinco necesidades vitales de los niños.

Lazear J., Lazear W. L., *Meditations for Parents Who Do Too Much.* New York: Simon & Schuster, 1993. (365 pp.)

Es un pequeño y estimulante libro de 365 meditaciones breves relacionadas con las innumerables inquietudes que la mayoría de los padres tienen o han tenido en algún momento u otro. Incluye una gran cantidad de consejos excelentes para los padres en cuanto a cómo reducir el estrés propio y de sus hijos. Aunque sólo toma dos o tres minutos leer cada meditación, encontrará muchas perlas de sabiduría. Enfatiza el tomar las cosas con calma y disfrutar más de la crianza infantil.

Lewis B. A. *The Kid's Guide to Service Projects: Over 500 Service Ideas for Young People Who Want to Make a Difference.* Minneapolis: Free Spirit Publishing, 1995. (175 pp.)

Se trata de un excelente recurso para familias con una conciencia social. Contiene más de 500 ideas de servicio en áreas como desarrollo comunitario, lucha contra el crimen, ambiente, amistad, salud, vacaciones, gente sin hogar, alfabetización, personas con necesidades especiales, política y gobierno, seguridad, adultos mayores y transporte. También incluye una discusión de 10 pasos para crear proyectos exitosos.

Lofas Jeannette, Sova Dawn B. *Stepparenting: Everything You Need to Know to Make It Work!* New York: Kensington Books, 1996 (228 pp.)

El subtítulo lo dice todo. Cualquier persona que se encuentre en una relación o matrimonio que incluya a niños de un matrimonio anterior encontrará una gran cantidad de información acerca de todos los aspectos de la crianza de hijastros. Se consideran muchas cuestiones que actúan como barreras a una relación sana entre adultos y niños, empezando desde las citas iniciales entre los padres hasta el establecimiento de un hogar en común y matrimonio. Se sugieren muchas técnicas para resolver y evitar problemas.

Madaras L. *Talks to Teens About AIDS: An Essential Guide for Parents, Teachers, and Young People.* New York: Newmarket Press, 1988. (106 pp.)

El SIDA es una enfermedad atemorizante. Pensar en ella ocasiona mucha ansiedad y temor en los padres e inhibe su capacidad para considerarla de manera adecuada con sus hijos. Este libro es de utilidad para padres, maestros y adolescentes como una herramienta que les facilitará comprender y evitar la transmisión de este padecimiento. Distingue entre hechos y rumores; quién puede adquirir la enfermedad, cómo se transmite y cómo no, y formas de evitarla. El libro está escrito de manera directa, franca y clara, con el objetivo de ayudar a padres e hijos a discutir el tema del SIDA de manera eficaz.

Marlor Press. *Kids Vacation Diary.* Saint Paul: Marlor Press, 1995. (95 pp.)

Se trata de un cuaderno de ejercicios lleno de juegos y actividades relacionados con viajar para niños de 6 a 12 años de edad. Estas actividades se llevan a cabo en tres fases: prepararse para el viaje, durante el mismo y conservar recuerdos del viaje. Además de ser divertido, el libro presenta oportunidades para mejorar habilidades de lectura, escritura, planeación, toma de decisiones y discurso. Aunque está escrito con un viaje vacacional en mente, es factible adaptar el diario a usarse en el hogar.

Newmark Gerald. *This School Belongs to You and Me: Every Learner a Teacher, Every Teacher a Learner.* New York: Hart Publishing Company, 1976. (431 pp.)

El libro es un modelo de educación innovadora y describe un ambiente de aprendizaje desde preescolar hasta 6° año de educación básica donde los participantes principales—niños, padres, maestros y administradores—comparten responsabilidades, autoridad y rendición de cuentas en la revitalización del proceso educativo. Existen cuatro conceptos principales que gobiernan a la escuela, a saber, aprendizaje/enseñanza compartidos (todos los estudiantes se convierten en maestros de cada quien como método central de instrucción), planeación y toma de decisiones compartidas, retroalimentación compartida y participación padres/comunidad. (Disponible a través de NMI Publishers, Tarzana, CA 91356.)

Peel Kathy. *The Family Manager's Guide for Working Moms.* New York: Ballantine Books, 1997. (202 pp.)

Ésta es una excelente obra para padres que desean aprender más acerca de cómo organizar su tiempo para un máximo de eficiencia. Muestra la forma de tomar habilidades del mundo empresarial y transferirlas al hogar de manera efectiva. Se presentan muchas ideas, técnicas y métodos para trabajar de manera más inteligente, no más ardua. No es sólo para madres trabajadoras sino para cualquier padre ocupado que se sienta estresado. Adoptar incluso algunas cuantas ideas rendirá beneficios inmediatos y aligerará la carga.

St. James Elaine. *Simplify Your Life With Kids: 100 Ways to Make Life Easier and More Fun.* Kansas City, MO: Andrews McNeel Publishing, 1997. (361 pp.) [Publicado en español con el título

Simplifica tu vida con los niños: 100 maneras de hacer más fácil y divertida la vida familiar. Editorial ONIRO, 1998. 264 pp.]

Un excelente recurso para simplificar la vida con los niños, escrito en un estilo interesante y conversacional. Proporciona consejos prácticos y sensatos acerca de casi cada aspecto de la vida con los hijos desde el momento en que despiertan por la mañana y hasta que están profundamente dormidos por la noche, más todo lo que queda en medio. Abarca áreas como rutina diaria, carga de trabajo, acumulación de "cosas", manejo del teléfono, obtención de ayuda, trabajo familiar en equipo, simplificación del manejo de la disciplina y conflictos, celebraciones sencillas, escolaridad y periodos después de la escuela, viajes, salud y mucho más . . . todo con la idea de facilitar las cosas.

Spock B. M., M.D. *A Better World for Our Children: Rebuilding American Family Values.* Betheseda, MD: National Press Books, 1994. (205 pp.) [Publicado en español con el título *Un mundo mejor para nuestros hijos: nuevos valores para los niños de hoy.* Ed. Paidós Ibérica, 1996.]

Se trata de un libro escrito por el maestro de los expertos en crianza infantil. Habilita a los padres para influir el futuro de sus hijos y proporciona actividades específicas que la familia puede hacer en conjunto para hacer una diferencia en casa y en su comunidad. Tales actividades contribuyen a la solidaridad familiar y a la autoestima de los jóvenes, además de tener muchos derivados positivos.

Stock G. *The Kids' Book of Questions.* New York: Workman Publishing, 1988. (207 pp.)

Contiene 260 preguntas para reflexionar, incluyendo algunas más divertidas. Las preguntas tratan con temas y dilemas serios que niños y adultos enfrentan a lo largo de sus vidas (p. ej., lidiar con la autoridad, comprender la amistad, manejo de presiones sociales, sobreponerse a los propios temores, hacer elecciones éticas y mucho más). Puede servir como valiosa actividad familiar, semanal o mensual, en donde cada miembro responde a una pregunta, tras lo cual sigue una consideración.

York P., York D. *Toughlove: A Self-Help Manual for Parents Troubled by Teenage Behavior.* Sellersville, PA: Community Service Foundation, 1980.

Es un manual para los padres de adolescentes que tienen problemas serios a largo plazo como faltas a la escuela, escaparse de casa, abuso de alcohol/drogas, problemas con la ley. Éstos son los adolescentes que en ocasiones son considerados como incorregibles y que no han respondido a los orientadores, a padres interesados, ni a la autoridad. Es para aquellos padres a quienes nada les ha servido. El manual explica lo que es el "amor duro", quién lo necesita y especifica un plan para implementarlo.

Group for Environmental Education, Inc. *Yellow Pages of Learning Resources.* Philadelphia, 1972.

Este libro trata del potencial que las ciudades tienen como sitios de aprendizaje. Llama a nuestros ambientes urbanos "salones de clases sin paredes" que les ofrecen un sinfín de oportunidades a personas de todas las edades. Enfatiza que todas las personas, lugares y eventos de la comunidad general representan recursos potencialmente ricos para el aprendizaje que nuestras escuelas pueden y deberían aprovechar. También funciona como recurso para padres que trabajan con sus propios hijos.

Convertirme en estudiante de mi propia conducta

Fecha: _____ Niño: _____

Llevar un diario

Al final del día, tome de 15 a 20 minutos para responder brevemente a cada una de las siguientes preguntas. (Fotocopie el formato y empiece su propio cuaderno)

1. ¿Cuáles de mis acciones del día de hoy fueron positivas en cuanto a cualquiera de las cinco necesidades de mi hijo?

2. ¿Cuáles de mis actividades del día de hoy fueron negativas en cuanto a cualquiera de las cinco necesidades de mi hijo?

3. ¿Qué aprendí acerca de mí mismo: actitudes, creencias, fortalezas, debilidades?

4. Si pudiera repetir el día de hoy, ¿qué haría de manera diferente?

5. Comentarios y preguntas acerca de mis actitudes y conducta, o las de mi hijo (para posible discusión a futuro con mi cónyuge, grupo de apoyo a padres o escuela para padres).

A P É N D I C E D

Análisis de retroalimentación familiar

Fecha de reunión: _____ Duración: _____

Después de la sesión semanal de retroalimentación, brevemente responda las siguientes preguntas. (Fotocopie el formato e inicie su propio cuaderno.)

1. ¿Qué me gustó de la sesión, en general, y acerca de mi participación?

2. ¿Qué no me gustó de la reunión, en general, y acerca de mi participación?

3. Lo que podríamos hacer de manera diferente en la siguiente sesión es:

4. Preguntas y comentarios que tengo acerca de la reunión:

144

Plan de cuidados propios de los padres

Fecha de reunión: _____ Duración: _____
(Haga un plan de 3, 6, o 12 meses)

Conteste las preguntas 1 y 2 y después prepare un plan de cuidado personal. (Fotocopie el formato y empiece su propio cuaderno.)

1. Lista de actividades en las que participo y que planeo continuar por placer, descanso, salud y aprendizaje.

   Actividad   Frecuencia   Con quién

2. Lista de nuevas actividades que deseo añadir o realizar en lugar de cualquiera de las anteriores.

   Actividad   Frecuencia   Con quién

3. Use la información de 1 y 2 para preparar un plan de 3, 6 o 12 meses en una hoja por separado. Sea específico acerca de las actividades, frecuencia, localización, horarios y con quién.

145

Evaluación de cuidados propios de los padres

Fecha de reunión: _____ Duración: _____
(Haga un plan para 3, 6, o 12 meses)

Al final de cada mes, después de la fecha de inicio del plan, conteste las preguntas 1 y 2 que aparecen a continuación y después prepare y replantee el plan después del siguiente mes en caso necesario. (Fotocopie el formato e inicie su propio cuaderno.)

1. ¿A qué grado se implementó el plan?

2. ¿Qué tan satisfecho estoy con los resultados?

3. ¿Qué ayudó u obstaculizó la implementación del plan?

4. ¿Qué aprendí de mí mismo en cuanto a cuidados propios: actitudes, conducta, fortalezas, debilidades?

5. ¿Qué cambios se necesitan para el siguiente mes, ya sea en el plan o en mi conducta?

6. Comentarios y preguntas (para discusión futura de revisión con mi cónyuge, grupo de apoyo para padres o escuela para padres).

Plan de actividades familiares

Fecha de reunión: _____ Duración: _____
(Si se desea, planee para 3, 6, o 12 meses)

Conteste las preguntas 1 y 2, y prepare un plan de actividades familiares de 3, 6 o 12 meses. (Fotocopie el formato e inicie su propio cuaderno.)

1. Liste a continuación las actividades en que la familia participa de manera conjunta.

    Actividad   Frecuencia   Dónde   Con quién

2. Lista de actividades nuevas que deseamos añadir o hacer en lugar de cualquiera de las anteriores.

    Actividad   Frecuencia   Dónde   Con quién

3. Revise las preguntas 1 y 2 y prepare un plan familiar de 3, 6 o 12 meses en una hoja por separado.

APÉNDICE H

Evaluación de actividades familiares

Fecha:_____ Periodo: De_____ A_____

Al final de cada mes, responda brevemente a las siguientes preguntas para evaluar 1) el progreso en la implementación del plan, 2) satisfacción con los resultados y 3) necesidad de hacer cambios en el plan o en la propia conducta. (Fotocopie el formato e inicie su propio cuaderno.)

1. ¿Hasta qué grado se implementó el plan?

2. ¿Qué ayudó u obstaculizó el éxito de la implementación del plan?

3. ¿Qué aprendió de sí mismo en cuanto a las actividades familiares: actitudes, conducta, fortalezas, debilidades?

4. ¿Qué cambios se necesitan para el siguiente mes, ya sea en el plan o en su propia conducta?

5. Comentarios y preguntas.

APÉNDICE I

Encuesta del bienestar de los niños

Los padres pueden responder a la encuesta por separado y discutir sus observaciones. Si tienen inquietudes o preguntas, pueden buscar información en libros, con otros padres, maestros, orientadores escolares o profesionales de la salud. Complete al término del mes para cada niño. Para cada inciso, elija un número (o X) para calcular cómo le está yendo a su hijo en cada una de las áreas que siguen. (Fotocopie el formato e inicie su propio cuaderno.)

Niño:_____ _____ Fecha:_____

	No bien (Negativo)			Bien (Positivo)			No estoy Seguro
1. Salud	1	2	3	4	5	6	X
a. Dormir	1	2	3	4	5	6	X
b. Comer	1	2	3	4	5	6	X
c. Ejercicio	1	2	3	4	5	6	X
d. Energía	1	2	3	4	5	6	X
c. Enfermedades	1	2	3	4	5	6	X
2. Actitudes/Conducta	1	2	3	4	5	6	X
a. Actitud hacia la vida	1	2	3	4	5	6	X
b. Actitud hacia las personas	1	2	3	4	5	6	X
c. Actitud hacia la vida familiar	1	2	3	4	5	6	X
d. Respeto a sí mismo	1	2	3	4	5	6	X
e. Respeto a los demás	1	2	3	4	5	6	X
f. Confianza en sí mismo	1	2	3	4	5	6	X
g. Confianza en los demás	1	2	3	4	5	6	X
h. Se siente apreciado	1	2	3	4	5	6	X
i. Muestra gratitud	1	2	3	4	5	6	X
j. Se siente incluido	1	2	3	4	5	6	X
k. Incluye a los demás	1	2	3	4	5	6	X
l. Es acomedido (ayuda)	1	2	3	4	5	6	X
3. Actividades recreativas o de descanso	1	2	3	4	5	6	X
4. Relaciones personales	1	2	3	4	5	6	X
a. Padres	1	2	3	4	5	6	X
b. Hermanos/Hermanas	1	2	3	4	5	6	X
c. Otros miembros de la familia	1	2	3	4	5	6	X
d. Amistades	1	2	3	4	5	6	X
e. Niño/Niña	1	2	3	4	5	6	X
5. Aprendizaje/Escuela	1	2	3	4	5	6	X
6. Uso del tiempo	1	2	3	4	5	6	X

Cinco necesidades emocionales de los bebés

1. Sentirse respetado

   ♥ Valide y háblele al bebé acerca de lo que está sucediendo a su alrededor

   ○ Ambiente interno

   - Emociones – "Pareces estar realmente enojado porque no puedes tener . . ."

   - Funciones corporales (hambre, eliminación) – "Ahora te voy a cambiar el pañal."

   - Conciencia – "¿Estás sonriendo porque viste que mami estaba sonriendo?"

   - Sensaciones – "Eso se sintió frío."

   ○ Ambiente externo

   - Interacciones físicas con el ambiente

   - Comunicación

     • Responder a las peticiones, necesidades del bebé

     • Explicar porqué, qué, quién, cuándo

     • Reconocer porqué no, validando las comunicaciones del bebé (porqué mamá no va a dejar al bebé bajarse al piso sucio del baño)

   ♥ Ver al bebé a los ojos – contemplarse

   ♥ Validar y disculparse con el bebé cuando la persona que proporciona sus cuidados no satisface las necesidades o deseos del bebé

2. Sentirse importante

   ♥ Validar y narrar el ambiente interno y externo del bebé

   ♥ Ir al ritmo del bebé (lento)

   ♥ Mostrar el placer que el prestador de cuidados del bebé siente al verlo, en especial al volverse a encontrar después del sueño o de trabajar

   ♥ Mucho contacto visual

   ♥ Interpretar las claves del bebé (gestos, sonidos, postura, emociones) en cuanto a sus necesidades (contacto, separación, hambre, sueño, limpieza, juego/exploración)

3. Sentirse aceptado

   ♥ El proveedor de cuidados del bebé acepta y permanece calmado ante las expresiones emocionales intensas del bebé (enojo, susto, tristeza, felicidad)

   ♥ El proveedor de cuidados puede reflejar las mismas expresiones faciales del bebé y sus emociones positivas

   ♥ Dejarle saber al bebé qué tan deseado es (expresar gratitud por el bebé)

   ♥ Dejarle saber al bebé que el proveedor de cuidados siempre lo amará y estará allí para el bebé – incluso si el bebé expresa emociones negativas

4. Sentirse incluido

   ♥ Sostener al bebé, dormir con el bebé, llevar al bebé "puesto" – llevar al bebé con uno por medio de una mochila/cangurera

   ♥ Pedir premiso al bebé, responder a su respuesta de manera respetuoso y con validación

   ♥ Hablar con el bebé, tono de voz (suave, un tono más elevado, melódico)

   ♥ Decirle al bebé lo que le está sucediendo (durante el baño, cambio de pañales, visita con el pediatra, juego/exploración)

5. Sentirse seguro

   ♥ Tocar al bebé en forma amorosa y con mucha frecuencia

- ♥ Estar con el bebé el mayor tiempo posible – sostener al bebé, dormir con él, llevarlo "puesto" (cangurera)
- ♥ El bebé puede expresar emociones intensas (enojo, susto, tristeza, felicidad) y el proveedor de cuidados puede permanecer calmado y no estresarse
- ♥ Moverse lentamente en las interacciones con y alrededor del bebé
- ♥ Levantar al bebé dentro de los 90 segundos posteriores a que empiece a llorar

Psicología prenatal y perinatal: una nueva manera de pensar acerca del inicio de la vida

La psicología prenatal y perinatal nos ha brindado nuevos y emocionantes descubrimientos, basados en las investigaciones más recientes, que están cambiando la manera en que pensamos acerca del periodo de embarazo, el nacimiento y los primeros meses de vida. A continuación aparecen siete principios que nos están ayudando a moldear las formas en que tratamos a las familias jóvenes y a sus bebés.

Siete principios de la psicología prenatal y perinatal

1. La concepción, el embarazo y el nacimiento son procesos naturales.
2. Las madres embarazadas y sus bebés comparten experiencias.
3. Los bebés tienen conciencia, discernimiento y expresividad – al hablar, jugar, respirar, en su postura, sonidos y movimientos.
4. Los bebés necesitan de un apoyo amoroso para desarrollarse de manera óptima.
5. Las primeras relaciones del bebé son la base para todas sus relaciones futuras (dentro del vientre, al sentirse deseados, apoyados, protegidos del estrés y de las relaciones emocionales volátiles).
6. La experiencia afecta el desarrollo del cerebro del bebé de manera crítica.
7. Las impresiones que provienen de sus primeras experiencias pueden enriquecerse o transformarse en cualquier momento.

Notas:

- ♥ Para que la madre pueda nutrir a su bebé, necesita recibir pleno apoyo de aquellos que la rodean.

- ♥ Aún antes del nacimiento, se empiezan a formar conexiones dentro del cerebro. Toda experiencia representa un papel en la formación del mismo.

- ♥ Experimente la sensación de unión con su bebé.

- ♥ Imagine que los movimientos, sonidos, respiración y latidos del corazón de su bebé son él o ella comunicándose.

- ♥ Cuando el bebé comience a llorar, se tranquilizará y a menudo dejará de llorar si la madre lo levanta dentro de los 90 segundos posteriores.

Nota: Preparado por la Dra. Marti Glenn y Jamie Suard del Santa Barbara Graduate Institute, Departamento de Psicología Prenatal y Perinatal, en colaboración con el Newmark Management Institute, Proyecto de los Niños. Para materiales escritos y DVDs acerca de la manera en que nuestras experiencias iniciales profundamente afectan la calidad de nuestras vidas, e información acerca de cursos de postgrado, comuníquese con el Santa Barbara Graduate Institute por medio de correo electrónico a: info@sbgi.edu. Algunos ejemplos altamente recomendados por este instituto son:

Takikawa, D. *What Babies Want: An Exploration of the Consciousness of Infants* (Lo que los bebés quieren: una exploración de la conciencia de los lactantes), DVD. Los Olivos, CA: Hana Peace Works, 2004.

Este enternecedor documental conjunta información de punta acerca de lo que los bebés realmente son, lo que saben y la forma en que podemos apoyarlos para lograr su máximo potencial a medida que se desarrollan y crecen. Narrado por Noah Wiley.
www.whatbabieswant.com

Takikawa, D. *Wondrous Beginnings: An Audio Interview with Wendy Anne McCarty, PhD* (Principios maravillosos: una entrevista en audio con Wendy Anne McCarty, PhD), Audio CD. Los Olivos, CA: Hana Peace Works, 2007.

Esta entrevista con una experta en el campo de la psicología prenatal y perinatal ayuda a la gente a percibir a los bebés de forma diferente, como seres concientes con la capacidad para comprender, relacionarse y comunicarse de maneras significativas. www.whatbabieswant.com y www.wondrousbeginnings.com

McCarty, W. A. *Being with Babies: What Babies Are Teaching Us* (Estar con bebés: lo que los bebés nos están enseñando), Vol I & II, Santa Barbara, CA: Wondrous Beginnings Publishing, 2000.

Estas breves publicaciones que sirven para proporcionar apoyo a los bebés sintetizan nuevos principios y recomendaciones provenientes de investigaciones clínicas realizadas con lactantes que revelan nuevos niveles de conciencia y comunicación desde el principio mismo de la vida. www.wondrousbeginnings.com

El papel de la educación media y media superior en una sociedad democrática y cambiante

La educación media y media superior (escuela secundaria y preparatoria) ocupa esa parte de la vida que pudiera caracterizarse como el periodo de transición de la adolescencia a la edad adulta. Convertirse en adulto significa tomar una mayor responsabilidad de la propia vida, tomar más decisiones personales (especialmente decisiones personales significativas acerca del trabajo, las diversiones, la educación y relaciones con el sexo opuesto), volverse autosuficiente en términos económicos y, en general, evolucionar de manera paulatina de la dependencia a la independencia. Debería también significar asumir más responsabilidades para mejorar la calidad de vida de la comunidad y participar más activamente en los procesos democráticos de la sociedad.

Por tanto, la educación media y media superior está en el negocio de "formar adultos". Para esto, tiene que tomar en cuenta las necesidades de la persona y de la comunidad. Los adolescentes necesitan explorar, contar con opciones, ampliar sus intereses y alcanzar un sentido de confianza, competencia y valía propia. La comunidad necesita individuos íntegros que cooperen, se preocupen y desarrollen una conciencia cívica.

Uno de los problemas que existen para lograr la transición de la adolescencia a la adultez es el aislamiento y la segregación de los jóvenes de las actividades de los adultos. Otro problema es que se ha relegada la educación a las aulas escolares y dentro de una estructura tradicional y rígida en la que grandes grupos de estudiantes pasivamente reciben la información del maestro, quien es el único propagador de conocimientos y educación. La naturaleza autocrática y jerárquica de la mayoría de las escuelas ha creado relaciones adversas en vez de fomentar la colaboración entre los participantes. En vez de que la escuela sea el lugar donde el ambiente es el más interesante y animado de cada comunidad, con demasiada frecuencia encontramos que los maestros, los estudiantes y los administradores están aburridos, frustrados, infelices o enojados.

Para "formar adultos" la escuela misma tiene que crecer. Las escuelas de educación media y media superior tienen que convertirse en comunidades de aprendizaje en las que sus miembros se unen en un esfuerzo común para que todos aprendan mejor. Los que se gradúan de este tipo de comunidad deberían destacarse por su capacidad para estudiar por cuenta propia; por trabajar eficazmente y cooperar con sus compañeros; por sus actitudes positivas hacia el aprendizaje; por su elevado nivel de competencia en áreas específicas del programa escolar; por la confianza que tienen en sus habilidades para aprender nuevas cosas; por su preocupación por el crecimiento, desarrollo y bienestar de los demás; y por su disposición para triunfar en los estudios superiores o en la fuerza laboral.

Metas principales

LA ADQUISICIÓN DE CONOCIMIENTOS Y HABILIDADES

La educación media y media superior debe ayudar a los estudiantes a adquirir los conocimientos y las habilidades necesarias para funcionar eficazmente en la sociedad y a comprender y disfrutar del mundo que los rodea. Para los 18 años de edad, cada estudiante debería ser capaz de comunicarse eficazmente y saber cómo escuchar, hablar, leer y escribir correctamente. Estas habilidades deberían enfatizarse en todas las áreas del programa escolar porque son fundamentales para seguir educándose, para formar parte de la fuerza laboral y para llegar a ser buenos ciudadanos.

Aquellos estudiantes que deseen proseguir con su educación deberían seguir un plan de estudios que les permita satisfacer los requisitos para ingresar a la educación superior, pero también deberían tener la oportunidad de elegir una materia académica en la que logren una competencia especial. Aquellos que no pretendan continuar con sus estudios deberían tener la oportunidad de desarrollar el dominio de alguna ocupación que requiera un nivel medio de educación. Cada estudiante debería estar capacitado para ganarse la vida en algún puesto de medio tiempo o de tiempo completo después de finalizar sus estudios. A todos los estudiantes se les debería alentar a que consideren seriamente la opción de continuar con su educación. Si a lo largo del camino pretenden realizar un cambio en cualquiera de ambos sentidos, éste debería verse facilitado mediante los consejos de algún padre de familia u orientador.

De manera ideal, cada alumno debería participar en algún deporte individual que le pueda proporcionar ejercicio y placer durante el resto de su vida. Y, además de valorar la buena salud, cada alumno debería planear y participar en un programa individual de ejercicios. A cada alumno se le debería alentar a interesarse por las artes y la música, y darle la oportunidad de dominar alguna de sus diferentes modalidades.

Una de las áreas más importantes y satisfactorias de la vida, aunque probablemente la más difícil, es la que se refiere a las relaciones con el sexo opuesto. A pesar de esto, los estudiantes tienen muy poca preparación en el cortejo, las relaciones sexuales, el matrimonio y la paternidad. Deberían tener la oportunidad de preguntar, estudiar, aprender y discutir estos temas durante toda su educación media y media superior.

CAPACIDAD PARA EL APRENDIZAJE AUTODIRIGIDO

En la era del "*shock* del futuro" todo cambia constantemente y la única constante es el cambio mismo. La nueva información se vuelve obsoleta casi tan rápido como aparece. Los avances tecnológicos frecuentemente traen consigo la semilla de problemas futuros. Para poder funcionar eficazmente es necesario seguir aprendiendo continuamente durante toda la vida. Ante estas condiciones, el autoaprendizaje debe de ser uno de nuestros principales objetivos. El educando autodirigido puede formular sus propias metas, analizar alternativas, preparar un plan, elegir y utilizar los recursos humanos y materiales eficazmente, evaluar su propio progreso, alterar sus planes, trabajar independientemente en un proyecto y ser lo suficientemente tenaz para lograr terminarlo. El Internet proporciona un sinfín de oportunidades para sustentar dichas actividades y las escuelas deberían alentar su uso.

RELACIONES INTERPERSONALES Y SENTIDO DE COMUNIDAD

Nuestra sociedad tiene grandes problemas que se reflejan en el creciente número de estudiantes que abandonan la escuela, vandalismo, tasa de divorcios, drogadicción, crimen y violencia en las calles, deshonestidad en el gobierno y malas relaciones interraciales . . . y guerras, guerras, guerras. Las relaciones antagónicas y los conflictos se presentan a cada nivel de nuestro mundo presente—en aldeas, pueblos, ciudades, estados, países y a nivel internacional—sin que nos olvidemos de las relaciones entre padres e hijos, matrimonios y familias. La mayoría de nuestros problemas no son técnicos, sino humanos. Parece que no podemos llevarnos bien entre nosotros, ni confiar los unos en los otros, ni comunicarnos, ni trabajar juntos o preocuparnos por los demás. El que la gente se ayude entre sí ya no es un lujo sino algo indispensable para sobrevivir.

La educación media y media superior debería enseñar a sus alumnos a trabajar en colaboración con otras personas y a desarrollar un sentido de propiedad de nuestras instituciones, además de crear ambientes positivos en los que la gente se trate entre sí de maneras emocionalmente sanas. Las escuelas se deberían convertir en comunidades de aprendizaje en las que cada salón es una microcomunidad.

Metodología

INSTRUCCIÓN INDIVIDUALIZADA

La proporción de un maestro por cada treinta o más estudiantes hace que sea casi imposible atender la amplia gama de diferencias individuales en aptitudes, habilidades, motivaciones, estilos de aprendizaje y niveles de logro. Los materiales y métodos deberían permitir a cada estudiante progresar a su propio ritmo y recibir ayuda cuando, donde y como lo necesite. A pesar de que estos materiales y métodos han estado disponibles desde hace tiempo en la forma de clases impartidas por estudiantes mayores, instrucción programada, aprendizaje asistido por computadora y demás materiales para el autoaprendizaje, grupos reducidos, voluntarios en los salones de clase, y programas de mentores y de voluntarios que motivan con su ejemplo, su incorporación a los programas escolares del país no se ha difundido o ha sido inconsistente.

INSTRUCCIÓN ENTRE ESTUDIANTES

Aprender enseñando, o la instrucción impartida por los mismos compañeros o por alumnos de mayor edad a otros de menor edad, son un método de instrucción individualizada muy importante y altamente motivadora. Los que reciben las clases se benefician con la ayuda y los que las dan mejoran su propia habilidad para aprender.

La educación media y media superior debería promover la idea general de las relaciones de ayuda dentro de cada salón de clases y entre distintos grados. Éste no es un enfoque de regularización, sino uno en el que todos los alumnos se convierten en recursos, los unos para los otros, al trabajar en equipo. Todos aprenden a enseñar y enseñan cómo aprender.

Cuando los estudiantes instruyen a otros, desarrollan un sentido de comunidad y aprenden a preocuparse por los demás y a ser responsables. Esta posición de responsabilidad los motiva y los hace sentir importantes. Además, al ayudar a otros a aprender, los estudiantes prueban, desarrollan y profundizan sus propios conocimientos. El alumno instructor entiende mejor el proceso mismo del aprendizaje. La competencia entre alumnos se ve reemplazada por la cooperación.

PLANEACIÓN COMPARTIDA Y TOMA DE DECISIONES

Nuestro país se enorgullece de sus instituciones democráticas y, sin embargo, intentamos preparar a nuestros jóvenes para participar activamente como ciudadanos sin darles oportunidades adecuadas para que practiquen y aprendan las habilidades que se los permita. La escuela de educación media y media superior debería ser una comunidad llena de vida en la que se experimente y aprenda, y donde los estudiantes desarrollen un sentido de propiedad al participar en la dirección de la escuela. Tanto los estudiantes como los padres y el personal escolar deberían establecer metas y elaborar los planes necesarios para alcanzarlas de manera conjunta. Conforme los estudiantes vayan desarrollando este sentido de propiedad, disminuirán el vandalismo, el ausentismo, el abandono escolar, las malas calificaciones y la apatía, y se verán reemplazados por el interés, la alegría, la participación, la atención y la dedicación. Es entonces que los estudiantes se preocuparán por su escuela y por sus compañeros.

ANÁLISIS DE PROYECTOS Y LOGROS

No importa qué tan unidos se encuentren al principio el personal (maestros y administradores) y los clientes (niños y padres), siempre surgirán conflictos, especialmente cuando cambian las circunstancias. La fortaleza de una empresa no está en la falta de diferencias, sino en la manera en que éstas se manejan. Cuando se manejan mal, destruyen el proceso educativo, pero cuando se manejan bien, son una fuerza positiva que permite el cambio eficaz. Es por esto que la escuela debe tener previsto canales para la crítica y la corrección de sí misma. Las sesiones de retroalimentación sobre los proyectos y logros son un mecanismo de este tipo.

Este tipo de retroalimentación grupal ofrece la oportunidad, a través de una discusión regular y abierta, para comprender los efectos que las propias acciones tienen sobre las demás personas y viceversa. Es un momento en el que se pueden expresar los problemas y donde se puede pedir y ofrecer ayuda. Es un ejercicio de autogobierno donde todas las decisiones y acciones pueden ser cuestionadas, incluso las de las personas que tienen la autoridad. Es una ocasión para compartir puntos de vista de manera honesta en un ambiente libre de amenazas, un lugar en el que las personas aprenden a no responder de manera defensiva a las críticas, sino a darles la bienvenida como medio de aprendizaje y para aclarar las cosas.

Generalmente, en este tipo de reuniones, la participación de los integrantes es espontánea y no se sigue una orden del día. La discusión se centra en lo que cada quien está haciendo que entorpece o ayuda a alcanzar los objetivos de la escuela y mantener alta la moral.

LA COMUNIDAD COMO SALÓN DE CLASES

Se mencionó que uno de los principales problemas para pasar de la adolescencia a la edad adulta es que los jóvenes están relativamente aislados de las actividades importantes de los adultos. El concepto de "comunidad como salón de clases" es una de las soluciones a este dilema.

Este concepto enfatiza que todas las personas, todos los sitios y eventos de la comunidad en general, son recursos potenciales importantes para aprender y pueden y deben explotarse de manera sistemática. El manual *Yellow Pages of Learning Resources (Sección amarilla de recursos de aprendizaje),* Group for Environmental Education, Inc., Filadelfia, 1972, un manual que trata acerca del potencial que tiene la ciudad como lugar de aprendizaje, afirma: "Se ha creído que la educación está confinada a los salones de clase y que las escuelas son los baluartes del conocimiento. Sin embargo, la instalación más amplia imaginable para aprender es nuestro ambiente urbano. Es un salón de clases sin paredes, una universidad abierta para personas de todas las edades que ofrece un programa educativo ilimitado con conocimientos infinitos. Si podemos lograr que el ambiente urbano sea comprensible y observable, habremos creado salones de clases con una infinidad de ventanas hacia el mundo".

Al convertirse la ciudad en un salón de clase y al quedar a disposición de las escuelas las habilidades y conocimientos de los padres y de las personas de la comunidad se irá erradicando el aislamiento de los jóvenes. Sus conocimientos y motivación se enriquecerán a medida que los alumnos escuchen a estos modelos de rol del mundo real.

En Resumen

Una de las razones importantes por las que las escuelas están fallando y por la que aún las más exitosas no están logrando todo lo que podrían, es la falta de un sentido de comunidad y una sensación de impotencia. El dinero, los materiales, el equipo y los edificios nuevos son importantes y necesarios, pero tienen un impacto limitado en los resultados cuando los niños, los padres, los maestros y administradores se sienten impotentes y se ven a sí mismos como víctimas o adversarios. La escuela debe tener una filosofía de cohesión y debe reflejar entusiasmo, energía y apoyo en sus programas.

La escuela de educación media y media superior debería intentar convertirse en una "comunidad de aprendizaje", en la cual se considere que los problemas son "nuestros problemas", los fracasos, "nuestros fracasos" y los triunfos, "nuestros triunfos". Este concepto se basa en la idea de que la gente puede aprender, crecer, participar y contribuir mucho mejor cuando siente que tiene cierto control sobre su propio destino.

Los estudiantes deberían tener una sólida preparación intelectual y vocacional, tener un sentido de valor propio, poder aprender por sí mismos, preocuparse por el bienestar de los demás, y saber cooperar cuando trabajan. De esta manera, podrán enfrentarse al futuro con confianza y entusiasmo, sea que continúen su educación académica o ingresen a la fuerza laboral.

Reconocimientos

$\mathcal{D}$oy las más sinceras gracias a los niños, padres y maestros de las escuelas primarias Wilshire Crest, Dublin Ave. y Pacoima de Los Ángeles, todos ellos participantes en el Tutorial Community Project (Proyecto de Educación Comunitaria) donde primero surgió la idea para este libro. Me enseñaron mucho acerca de las relaciones entre padres, niños y maestros.

Agradezco también a varias de las personas que reseñaron la primera edición, sus comentarios y sugerencias mejoraron el documento final: Jan Amsterdam, Kaela Austin, Kathy Cohen, Bill Crawford, Terry David, Denis Girard, Shirley Kessler, Trisha King, Dr. Fred Penrose, Richard Satzman, Dr. Harry Silberman. También agradezco a Nina Rosenfield y a Mitzi Thaler, quienes contribuyeron a la segunda edición en inglés. Hubo quienes me proporcionaron consejos, ideas y aliento a lo largo del proyecto, sus contribuciones mejoraron el producto final en forma significativa y me fueron satisfactorios desde las perspectivas profesional y personal; entre ellos se cuentan Steve Gussman, Dr. Richard Helfant, Dr. Ralph Melaragno; asimismo quienes hicieron contribuciones especiales a ambas ediciones fueron Don Friese, Dr. Peter Huber, Marian Schiff, Dan Stein y Gail Zeserman.

También agradezco a Alfredo Tarín, Director de la Reseda High School (CA) por sus reflexiones acerca de la importancia de la salud emocional tanto dentro de la escuela como en la vida. Sus esfuerzos de liderazgo en la creación de una cultura escolar que promoviera la salud emocional incluyeron que alentara a sus maestros a utilizar

163

conceptos emocionalmente sanos dentro de los salones de clases, a los padres a participar en grupos de apoyo y a los estudiantes en seminarios de relaciones entre padres e hijos. Dentro de este programa, también quisiera agradecer a Rosalva Waterford, directora del Centro para Padres, por supervisar los grupos de apoyo dirigidos a los padres, a Heather Sardella por su trabajo de facilitación de dichos grupos, a Brigit Diaz debido a su ayuda en cuanto a hacer que la participación de los estudiantes de noveno grado fuera una valiosa experiencia, así como a Elba Bugarin y Marianne Maki por coordinar el proyecto de noveno grado.

Agradezco a Stan Corwin, mi agente, por sus consejos y creer en este libro, y a Evelyne Duval, mi agente internacional, debido a su éxito en lograr que la obra se publicara en varios países. Gracias a Aviva Layton, cuya cuidadosa edición de ambas ediciones en inglés hizo mucho por la claridad y concisión de ambos libros. También debo agradecimiento a Frieda Greene y a Cynthia Citron por su cuidadosa corrección de estilo. Aprecio mucho la ayuda de Kathy Arft por su labor al recopilar información, verificación de detalles y el trabajo mecanográfico de las versiones finales de ambas ediciones. Una palabra especial de gratitud a Steve Gussman por el diseño de la portada y, como siempre, por su énfasis en que todo esté correcto. Muchísimas gracias a Tina Hill por el diseño del libro y por el formateo por computadora, así como por su paciencia y actitud positiva al lidiar con cambios de último minuto en ambas ediciones.

Estoy muy agradecido con el Dr. Alex Kopelowitz por la reseña que hizo del libro y sus consejos personales durante periodos de estrés. La Dra. Fran Kahn me ayudó a mantenerme sereno y centrado en momentos en que me vi tentado a desviarme en distintas direcciones, debido a ello y a su continuo apoyo y aliento, estoy profundamente agradecido. También deseo extender una mención especial al Dr. Giovanni Aponte y al personal de Meadowbrook por su apoyo y dedicación. A Norman Horowitz: gracias por tu amistad, tus consejos y tus ideas provocadoras. Gracias a Ken Ng por su coordinación visomotora y su sentido del humor—una o ambas de las cuales me han conservado en buena condición y ánimo—. Agradezco a Karen West por su vivaz personalidad y su compromiso a mantenerme alerta. Las diversas y largas conversaciones con

Pat Sun acerca de la crianza infantil fueron inspiradoras e invaluables. Todo mi amor a mi suegra, Annie Zeserman, por ser quien es y por traer a Deborah a este mundo. Y gracias a mis amigos de la infancia de la P.S. 96, la P.S. 89 y la Columbus High en el Bronx, que me dieron una sensación de comunidad durante una infancia a menudo "difícil" pero también estimulante.

A mi hermano mayor, Irv, más guapo, rico, inteligente y, en ocasiones, más sabio, gracias por los años de conversaciones acerca de lo que significa ser padres, donde identificamos aspectos de nuestra propia conducta que no siempre enriquecían la salud emocional de nuestros hijos. Y gracias también por tu amor y apoyo constantes, que siempre han sido de suma importancia para mí.

A mi madre y a mi padre, Esther y Joe, estoy eternamente agradecido por haberme dejado sentimientos tan positivos acerca de la importancia de la familia.

Por último, a mi hijo, David, mi más profunda gratitud por haberme enseñado lecciones importantes acerca de la paciencia, la perseverancia, la comprensión, el valor y el amor como nadie más pudo haberlo hecho.

Esta edición se publicó con el apoyo
económico del Center For ReUniting
Families. Estamos enormemente
agradecidos por esta contribución
para promover nuestros esfuerzos en
beneficio de padres, niños, familias y
escuelas.

Acerca del autor

GERALD NEWMARK, Ph.D., presidente del Newmark Management Institute, es padre de familia, educador, científico conductual y consultor administrativo. A lo largo de su carrera, el Dr. Newmark ha utilizado una combinación de sentido común y métodos científicos para ayudar a individuos y organizaciones a volverse más eficaces.

Durante 15 años fue investigador científico, primero para la Rand Corporation, División de Desarrollo de Sistemas, y después para la System Development Corporation, donde su trabajo se centró en el diseño, desarrollo y evaluación de sistemas innovadores de capacitación e instrucción para escuelas públicas y programas militares.

Auspiciado por la Ford Foundation durante siete años, el Dr. Newmark trabajó con niños, padres y maestros en las escuelas de la ciudad de Los Ángeles, California, como codirector de un proyecto dirigido al desarrollo de una escuela modelo. Los resultados de este esfuerzo se describen en su libro, *This School Belongs to You and Me: Every Learner a Teacher, Every Teacher a Learner (Esta escuela nos pertenece a ti y a mí: cada estudiante un maestro, cada maestro un estudiante).* El Dr. Newmark recibió una mención presidencial por este trabajo.

Un aspecto importante dentro de la vida adulta del Dr. Newmark ha sido su participación en cuestiones cívicas y de juventud. Durante seis años estuvo involucrado con la Synanon Foundation en su trabajo innovador relacionado con el tratamiento de drogadicciones y con la Operation Bootstrap en el centro de Los Ángeles en proyectos para mejorar las relaciones interraciales. Ha sido consultor para las Olimpiadas Especiales de California y para el Departamento estatal de educación del mismo Estado. El Dr. Newmark también ha sido miembro de las juntas consultivas para la National Commission on Resources for Youth (Comisión Nacional de Recursos para la Juventud), el Center for ReUniting Families (Centro para la ReUnión de

4/19 ② 11/18

Familias) y de dos programas dirigidos al problema del abuso de drogas—Amity, Inc. en Arizona y Tuum Est en Los Ángeles (ahora llamada Phoenix House). El Dr. Newmark es miembro de la American Association of Humanistic Psychology (Asociación Estadounidense de Psicología Humanista), la Charles F. Menninger Society y la National Association for the Mentally Ill (Asociación Nacional para Enfermos Mentales). En la actualidad, pertenece a la junta directiva de dos organizaciones sin fines de lucro: la Catticus Corporation, una organización sin fines de lucro que produce medios educativos para radio y televisión públicas.